Comienzos de la Compañía
de Jesús en Zaragoza

COLECCIÓN
JESUITAS
22

Juan Jesús Bastero Monserrat, SJ

Comienzos de la Compañía de Jesús en Zaragoza

© Ediciones Mensajero, 2025
Grupo de Comunicación Loyola
Padre Lojendio, 2
48008 Bilbao – España
Tfno.: +34 944 470 358
info@gcloyola.com
gcloyola.com

Diseño de cubierta:
Vicente Aznar Mengual, SJ

Impreso en España. *Printed in Spain*
ISBN: 978-84-271-5031-7
Depósito legal: BI-14-2025

Fotocomposición:
Marín Creación, S. C. – Burgos / www.marincreacion.com

Impresión y encuadernación:
Gráficas Fernan – Bilbao (Vizcaya) / graficasfernan.com

Índice

Prólogo

Este es un libro necesario.

Y cuando el autor, en este caso mi admirado amigo P. Juan Jesús Bastero Monserrat, le aporta una prosa perfecta por su impecable gramática y estilo narrativo y una labor intensa de investigación y documentación lo convierte en una obra brillante, además de necesaria.

La historia de la Compañía de Jesús en Zaragoza podemos dividirla fácil y escuetamente en siete periodos:

- 1547-1555. Comienzos de la Compañía en Zaragoza
- 1555-1767. Historia del colegio de la Purísima (sin olvidar la fundación del segundo colegio del Padre Eterno en 1675) hasta la expulsión y supresión de la Compañía de Jesús. Por este colegio y seminario jesuítico de la Purísima pasaron alumnos y profesores como Baltasar Gracián, Ramon Pignatelli y su hermano, hoy santo, José de Pignatelli, o san Vicente de Paul, entre otros muchos.
- 1814-1870. Regreso de los jesuitas a Zaragoza.
- 1871-1932. Historia del Colegio del Salvador. El colegio tuvo 2 sedes:
  - Plaza del Carmen (1871-1879) en un antiguo teatrillo calificado en la época como *«el más inmoral de la ciudad. Guarida de espiritistas donde fue evocada la sombra del desdichado general Prim»*.
  - Esquina Plaza Paraíso y Paseo Sagasta (1879-1971). Edificio de nueva planta.

- 1932 (23 de enero) - 1939 (16 de agosto). La II República, por orden directa de Manuel Azaña, decreta la diso-
  lución de la Compañía de Jesús y la incautación de sus
  bienes. El edificio del Colegio del Salvador con todo su
  mobiliario quedó confiscado por el Gobierno y convertido en el Instituto Goya.
- 1935-1939. El Colegio Lanuza. Un grupo de 32 padres
  de alumnos funda la Mutua Cultural Lanuza, registra-
  da en el Gobierno Civil de Zaragoza y con domicilio
  social en la calle Canfranc. La finalidad de la misma
  era dar cauce jurídico al denominado Colegio Lanuza,
  que daría continuidad, de hecho, al disuelto Colegio
  del Salvador.
- 1939-2025. Historia del Colegio del Salvador. El colegio ha tenido 2 sedes:
  - o Esquina Plaza Paraíso y Paseo Sagasta (1879-1971).
    Edificio de nueva planta.
  - o Sector Romareda (1971 - actualidad). Edificio de
    nueva planta.

  Por este Colegio del Salvador han pasado alumnos y profesores como el científico Longinos Navás,
  el cineasta Luis Buñuel, el investigador Carlos Martín
  Montañés, el teniente coronel Valenzuela, el presidente
  Santiago Lanzuela, o deportistas como Álvaro Arbeloa
  y Ánder Herrera, entre otros muchos.

Este libro nos narra la primera etapa, dura y complicada, pero
con una decisión vocacional de implantación en la ciudad de Zaragoza de la novísima Compañía de Jesús. Se desarrolla en vida
de san Ignacio de Loyola y con una influencia decisiva de san
Francisco de Borja, duque de Gandía, y de la princesa regente
Juana de Austria (hija de Carlos I y hermana de Felipe II).

Las razones para calificar este libro de necesario son obvias: necesitábamos conocer en profundidad el relato histórico

de esa época de la que había suficiente documentación, pero no una narración completa. Podemos decir que era un espacio temporal sobre el que poco se había escrito, quizás por la más sugestiva historia de los colegios y del periodo de expulsión y supresión de la Compañía y su posterior restauración.

Juan Jesús Bastero, a través de una extensa y esforzada labor de consulta de archivos, reflejada en los pies de página y en la bibliografía, nos presenta este libro que bien puede estar a caballo entre la novela histórica y la investigación documental.

Nos vamos a encontrar con un texto donde la correspondencia de la época, las cartas manuscritas por los actores de ese periodo, aportan a la narración una riqueza de matices única. El autor, de manera intencionada, se ha apoyado en estas fuentes directas para que podamos no solo observar sino experimentar de cerca el temperamento, carácter e intenciones de los protagonistas de este momento de la historia. El lector, por lo tanto, no adopta un papel pasivo de mero receptor de información, ya que, al acceder directamente a las fuentes epistolares, entra de lleno en el relato y deberá descubrir y desvelar las intenciones, las afinidades o aversiones, las audacias, imprudencias y prudencias, y las consecuencias o causalidades de los acontecimientos, de los personajes y de los desenlaces.

Pero no debemos olvidar que la historia de la Compañía es una historia llena de historias. Historias de miles y miles de personas que han experimentado una espiritualidad, un modo de proceder y una manera de situarse ante Dios, ante los demás y ante ellos mismos, basada en los Ejercicios de Ignacio de Loyola. Algunos han brillado para la sociedad, pero todos han brillado a los ojos de Dios y quien se ha acercado a ellos ha notado algo diferente: una luz interior.

Gracias al autor, P. Juan Jesús Bastero, conocemos mejor nuestras raíces. Y gracias a los jesuitas, a las jesuitas (que también las hubo) y a los miles de seglares que se han comprometido con la espiritualidad ignaciana y lo han mostrado más en las obras que en la palabra, prevemos que la pedagogía ignaciana, el estilo educativo de la Compañía, tiene alas suficientes para afrontar un futuro tan incierto y tan apasionante como al que se enfrentó la Compañía en el convulso siglo XVI.

Ad maiorem Dei gloriam.

En Zaragoza, a 1 de enero de 2025
Manuel Magdaleno Peña

Preludio y advertencias

En la ciudad de Zaragoza, la obra educativa de los jesuitas se inició en firme en 1555, hace más de 450 años. Hay que recordar que, por parte de la Compañía, esta fundación se hizo sin fecha de caducidad. Este primer colegio no se hubiera suprimido si el rey Carlos III no hubiera expulsado de España y provincias de América a los jesuitas y si, además, el papa Clemente XIV no hubiera suprimido la Compañía de Jesús pocos años después. Con la segunda fundación, en 1871, dio comienzo el Colegio del Salvador que actualmente sigue en nuestra ciudad. Por eso, estamos ante dos comienzos –separados por 316 años– de un mismo tipo de obra apostólica educativa de la Compañía.

Con esta primera publicación, a la que esperamos sigan otras de la misma índole, queremos ofrecer una divulgación documentada de lo que supuso en Zaragoza la llegada de la Compañía de Jesús, totalmente desconocida en nuestra ciudad y mirada con suspicacia.

Dada la índole de esta obra necesitamos hacer unas advertencias para tenerlas en cuenta durante la lectura, a fin de que no distorsionemos nuestra percepción de la época.

En primer lugar, la duración de los viajes y por tanto la tardanza del correo. Entre Roma y Zaragoza o Gandía la demora de las cartas era de unas 7 semanas; entre Roma y Barcelona, hay al menos un caso de solo tres semanas y dentro de la Península de unos 8 o 10 días[1]. Por todo ello no es de extrañar la

---

[1]   Escojo dos ejemplos de envío y recepción del correo. Una carta de Ignacio a Andrés de Oviedo expedida en Roma el 23 de abril de 1546 y que llegó a Gandía el 2 de junio (Cf. MHSI, *Epp.Mixt.*, t. I, 283-286). Otra, que escribió

lentitud de los procesos y la duración de los trámites con Roma e incluso dentro de España.

Otra advertencia similar es que, en la época que abordamos del siglo XVI, Ignacio de Loyola nunca utilizó la palabra «jesuita» para referirse a los miembros de la Compañía de Jesús. El vocablo ya existía desde la Edad Media, pero con el significado peyorativo de «fariseo, hipócrita». En este sentido se utilizó en Colonia según testimonio de Pedro Canisio en 1544, quien opinaba que esa burla procedía de Lovaina. Bastante más tarde y ya en tono respetuoso se introdujo en España y en otros países.

Por último, una palabra sobre las fuentes utilizadas. En el origen de esta obra tomamos como punto de partida el relato de Astrain[2] pero al ir desarrollando el estudio la base fundamental utilizada han sido las más de doscientas cartas examinadas en los distintos volúmenes de MHSI[3], porque ellas constituyen el relato más próximo a los hechos. Además de las cartas hemos tenido presentes el *Chronicon* de Polanco[4], como siguiente documento casi contemporáneo a los acontecimientos narrados, y la historia manuscrita del P. Gabriel

---

Aldonza González a Ignacio: salió de Zaragoza el 2 de septiembre de 1549 y llegó a Roma el 10 de octubre (Cf. MI, t. II, 571). El caso mencionado de 3 semanas entre Roma y Barcelona es: de Polanco a Araoz (MI, t. II, 266) y su respuesta (MHSI, *Epp.Mixt.*, t. II, 51-57). Del correo entre Gandía y la corte en Valladolid escogemos dos casos: carta del duque de Gandía a Felipe II el 16 de julio de 1545 felicitándole por el parto de la princesa María, ocurrido el 8 del mismo mes, e ignorando que la esposa de Felipe II había fallecido (Cf. MHSI, *Borja*, t. II, 507) y otra carta de la duquesa, el 21 de julio de 1545, dándole el pésame (Cf. MHSI, *Borja*, t. I, 593-594).

[2]   Antonio ASTRAIN, SJ, *Historia de la Compañía de Jesús en la Asistencia de España*, publicada en 1902.

[3]   MHSI: *Monumenta Historica Societatis Iesu*. Colección de documentos de la Compañía de Jesús, iniciada en 1903.

[4]   Juan Alfonso de Polanco, SJ (1517-1576) fue secretario de la Compañía nombrado por el propio Ignacio. Escribió una primera historia de la Compañía naciente, también denominada *Chronicon*.

Álvarez[5], obras ambas mencionadas varias veces en este estudio. También hemos acudido a Diego de Espés, en su *Historia eclesiástica de la ciudad de Zaragoza hasta 1575*, y ocasionalmente hemos consultado otros autores como Diego Dormer o Félix Latassa.

Dada la bibliografía existente sobre el tema, el objetivo de esta obra es destacar solamente algunos episodios y aspectos del largo itinerario de ocho años –de 1547 a 1555– que costó la andadura inicial del colegio de la Compañía en nuestra ciudad[6].

Con esta obra queremos iniciar modestamente la celebración del sesquicentenario del actual Colegio del Salvador en nuestra ciudad, homenaje que, como tantas realidades de la vida, la pandemia de la COVID impidió.

---

[5]   La obra manuscrita de Gabriel Álvarez, *Historia de la Provincia de Aragón*, tiene la particularidad de que el encargo de escribirla lo recibió del superior general Claudio Aquaviva. Este hecho acentuaría en Álvarez el esmero de su investigación. El estudio lo realizó viajando por las distintas casas de la provincia para recabar datos, incluso de testimonios orales. Murió en Tarazona, en 1645.

[6]   Como base hemos tomado el relato de Astrain, pero también hemos revisado más de 250 cartas escritas entre 1542 y 1556, publicadas en la colección de *Monumenta Historica Societatis Iesu* (MHSI), y consultado obras afines que figuran en la Bibliografía.

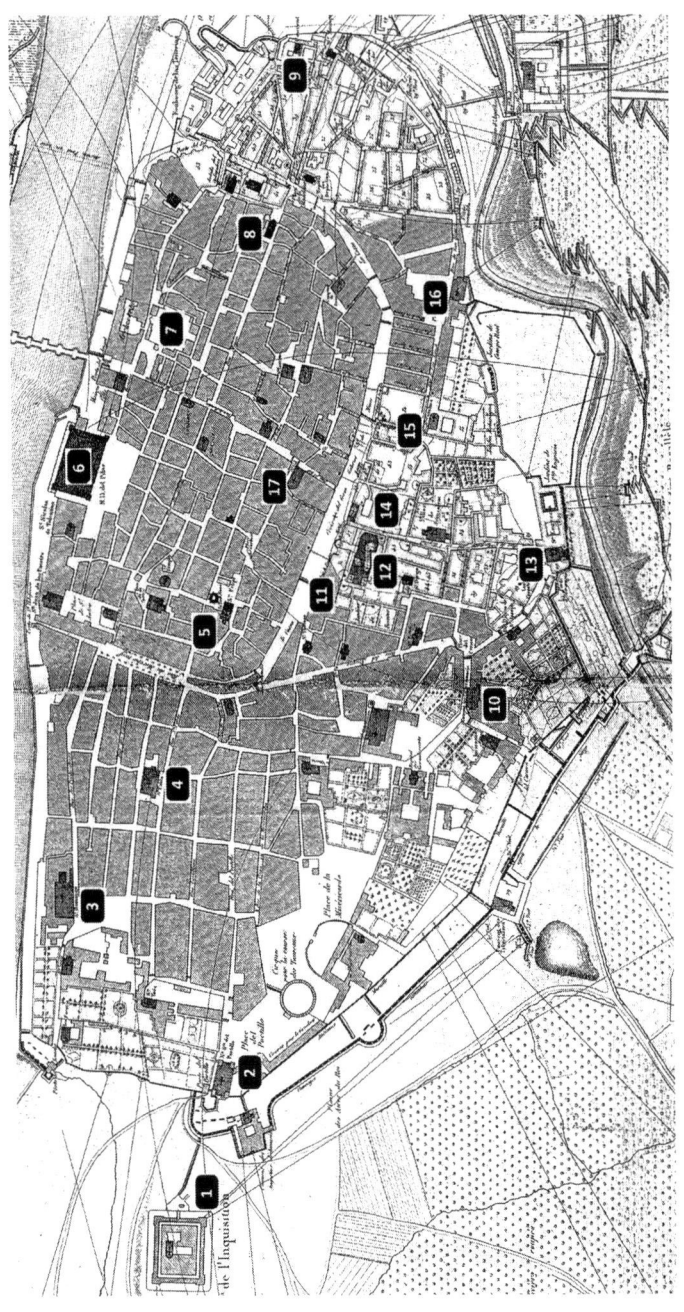

Figura 1. Fragmento del «*Plan du siège de Saragosse par l'armée Française d'Aragon en 1808 et 1809*». A pesar de la distancia temporal, el trazado urbano es suficiente para ubicar los lugares principales de Zaragoza en el siglo XVI mencionados en el texto. **1:** La Aljafería, entonces sede de la Inquisición y del virrey de Aragón. **2:** Iglesia de Ntra. Sra. del Portillo. **3:** Convento de los dominicos en la C/ Predicadores. **4:** Parroquia de San Pablo. **5:** Parroquia de San Felipe. **6:** Nuestra Señora del Pilar. **7:** Iglesia Mayor de La Seo. **8:** Parroquia de la Magdalena. **9:** Convento de los agustinos. **10:** Convento de los carmelitas. **11:** Colegio de las Vírgenes, de Juan González de Villasímplez. Estuvo en este lugar hasta 1585. **12:** Los franciscanos, en el solar de la actual Diputación Provincial. **13:** Santa Engracia, monasterio de jerónimos dependiente del obispo de Huesca. **14:** Hospital de Ntra. Sra. de Gracia. **15:** Convento de monjas Clarisas, Santa Catalina. **16:** Parroquia de San Miguel de los Navarros. **17:** Parroquia de San Gil Abad.

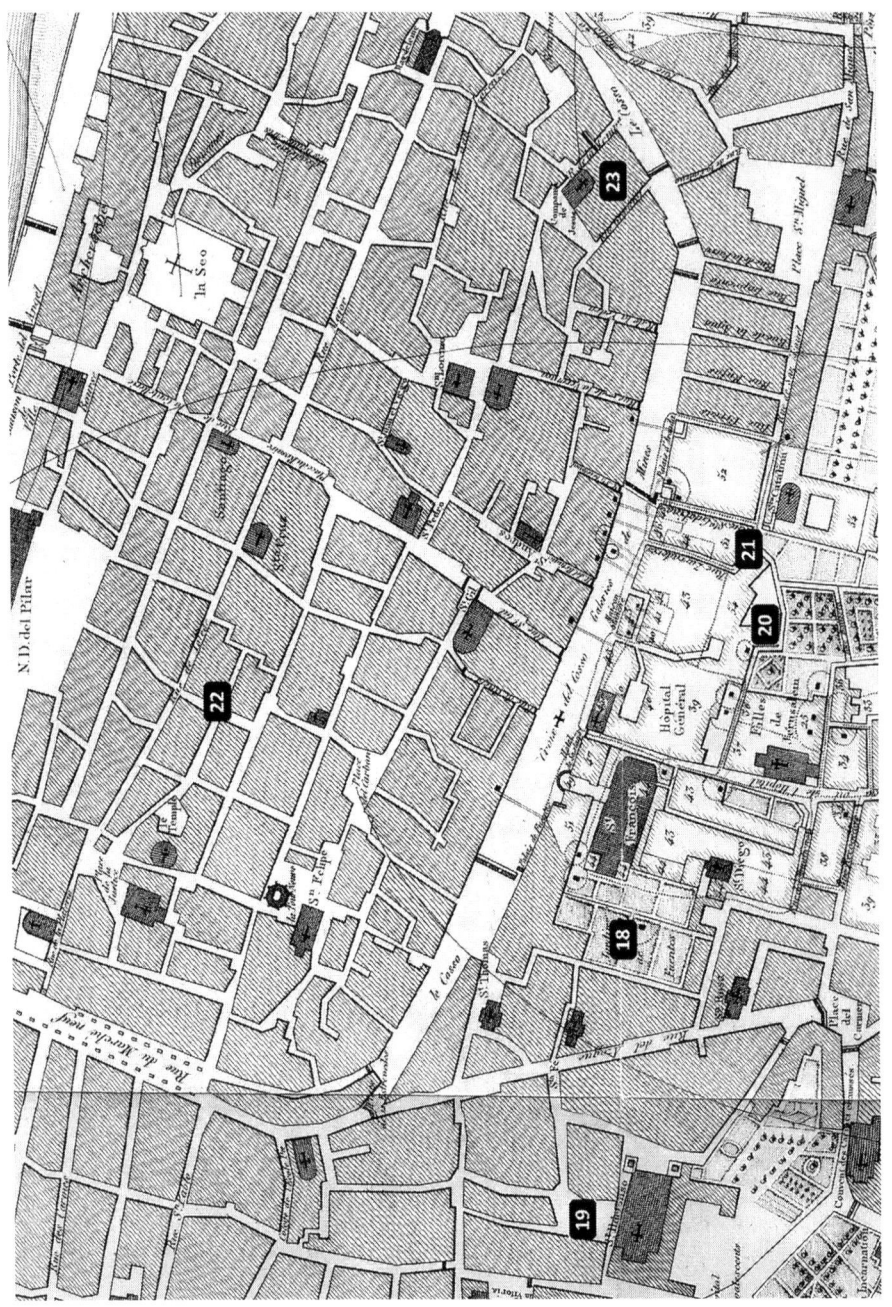

Figura 2. Detalle de la figura anterior. Los números indican el emplazamiento aproximado de los domicilios intentados por los jesuitas en sus primeros años en Zaragoza.
18: Primera casa donde vivieron los jesuitas en 1547, en la Morería, en territorio de la parroquia de San Gil Abad junto al Colegio de las Vírgenes. **19:** Intento de traslado en 1548 a la plaza de Méliz (hoy, plaza de San Lamberto) en territorio de la parroquia de San Pablo. Fracasó por oposición de los carmelitas. **20** y **21:** Otros dos intentos, detrás de las casas del Coso, entre en Hospital de Gracia y las Clarisas de Santa Catalina. La oposición de las monjas, apoyadas por los franciscanos, impidió que se alojaran los jesuitas. **22:** Cuarto intento, en el entonces llamado *Callizo de la Traición*, hoy calle Pedro de Atarés, el año 1553. Los jesuitas compraron la casa de Juan Torrellas, en territorio de la parroquia del Pilar, pero tuvieron que renunciar a ella por oposición de los clérigos del Pilar y de San Felipe. **23:** Domicilio definitivo en las casas de Sancho de Francia, adquiridas en diciembre de 1554. Allí edificaron el primer colegio de la Compañía en Zaragoza, con su iglesia dedicada a la Inmaculada Concepción. Allí vivieron los jesuitas hasta que Carlos III los expulsara el 2 de abril de 1767. Actualmente, el mismo edificio sigue en pie como residencia sacerdotal de San Carlos, con la misma iglesia de la Inmaculada.

1

La Compañía de Jesús en 1547

Situación jurídica

La Compañía de Jesús en 1547 contaba solamente siete años de aprobación pontificia. El grupo internacional de diez compañeros sacerdotes[1], «maestros» (*magister*) por la Sorbona y presididos por Ignacio de Loyola, había sido constituido en nueva orden religiosa[2] por el papa Paulo III en 1540. En esos años, se les iban agregando otros muchos, algunos sacerdotes y otros seglares, que sintonizaban con el modo de proceder de aquellos maestros parisinos.

Ignacio de Loyola tenía entonces 56 años. Él era el superior general y, probablemente, el de mayor edad de todos los jesuitas, dispersos por Europa, presentes ya en la India y que muy pronto estarían en América. Ignacio vivía en Roma, pero estaba

---

[1] Los diez compañeros con que dio inicio la Compañía de Jesús en 1540: Ignacio de Loyola, guipuzcoano (1491-1556); Pedro Fabro, saboyano (1506-1546); Diego Laínez, soriano (1512-1565); Claudio Jayo, saboyano (ca. 1500-1552); Pascasio Broët, de Picardía (ca. 1500-1562); Francisco de Javier, navarro (1506-1552); Alfonso Salmerón, toledano (1515-1585); Simón Rodrigues, portugués (ca. 1510-1579); Juan Coduri, provenzal (1508-1541); Nicolás Bobadilla, palentino (1509-1590). Para mayor detalle véase la revista *AHSI* (*Archivum Historicum Societatis Iesu*), vol. 59 (1990), 179-344

[2] Bula *Regimini militantis Ecclesiae*, de 27 de septiembre de 1540, del papa Paulo III. En: *Bullarum. taurinensis editio* (1860), t. VI, 303-306. Versión castellana en: *Constituciones de la Compañía de Jesús y Normas complementarias* (1995), Roma, 27-39.

al corriente de todo mediante la correspondencia de la época y contaba con una singular ventaja: su amplio conocimiento de personas de la nobleza y de la corte, tanto en Roma como en España y Portugal. No olvidemos su educación nobiliaria en Arévalo, como paje del rey católico, y su servicio al duque de Nájera durante años, hasta que la herida de Pamplona fuera ocasión de su cambio de rumbo. La amplísima correspondencia[3] de san Ignacio en aquellos años y, sobre todo, la lista de sus destinatarios, demuestran la categoría social de sus relaciones, hecho que siempre utilizó para promover la causa del Evangelio en aquella sociedad y por el mundo entonces conocido.

Su estilo de vida como nueva orden religiosa era rompedor: eran un grupo llamativamente joven[4], no tenían rezos en común ni convento, cambiaban de domicilio en cuanto su apostolado lo requería, se dedicaban igualmente a predicar que a atender enfermos en los hospitales o a desempeñar cátedras de teología en *La Sapienza*, la universidad de Roma. Desconcertaban a muchos.

Este nuevo grupo destacaba por su alta formación intelectual y, a la vez, por su austero modo de vida: cosas ambas que,

---

[3]   En la colección MHSI (*Monumenta Historica Societatis Iesu*) serie 10, están publicadas 6742 cartas de Ignacio. Pongo entre paréntesis la cantidad de cartas escritas por el santo, por años: Hasta 1545 (108); 1546 (43); 1547 (85); 1548 (292); 1549 (461); 1550 (510); 1551 (802); 1552 (833); 1553 (893); 1554 (1031); 1555 (1007); 1556, año en que murió S. Ignacio (677).

[4]   En el año 1547, estas son las edades –expresadas entre paréntesis– de varios jesuitas que van a aparecer en esta obra: Pedro Fabro (41); Jerónimo Nadal (40); Miguel de Torres (38); Francisco de Borja (37); Antonio Araoz (32); Jerónimo Doménech (31); Andrés de Oviedo (29). De Francisco de Rojas no se encuentran datos precisos, pero, si en 1544 da la noticia de su primera misa desde Coímbra, podemos pensar que en 1547 tendría unos 33 años (Carta de Rojas a Esteban de Eguía, 30 de enero de 1544. MHSI, *Epp.Mixt.*, t. I, 156-157). Por otra parte, una de las objeciones respecto a los jesuitas, que plantea el arzobispo de Valencia Tomás de Villanueva, es «*que todos éramos mozos*» (Carta de Antonio Araoz a Jerónimo Doménech, 26 de enero de 1546. MHSI, *Epp. Mixtae*, t. I, 257).

por lo general, no se veían juntas ni en el clero de Roma ni en el de España. El modo de proceder de los jesuitas destinados a nuevas localidades era buscar sitios donde ejercer el ministerio sacerdotal según el modo propio de la Compañía, tal como está descrito en la denominada *Fórmula del Instituto*[5], *incluida en la bula fundacional de 1540. De esta Fórmula* destacamos lo que hoy sigue siendo el núcleo fundamental del apostolado de la Compañía de Jesús, es decir, la actividad apostólica de la entonces nueva orden religiosa:

«fundada ante todo para atender principalmente al provecho de las almas en la vida y doctrina cristiana y para la propagación de la fe, por medio de predicaciones públicas, y ministerio de la palabra de Dios, de ejercicios espirituales, y de obras de caridad, y concretamente por medio de la educación en el cristianismo de los niños e ignorantes, y de la consolación espiritual de los fieles cristianos, oyendo sus confesiones»[6].

---

[5] La primera redacción de la *Fórmula del Instituto* es el documento denominado *Prima Societatis Iesu Summa*, más conocido como «Los cinco capítulos». Lo redactaron los compañeros en Roma en 1539 como resumen de sus deliberaciones durante meses. Este documento lo entregó el propio Ignacio al cardenal Gaspar Contarini, el cual lo leyó a Paulo III en Tívoli el 3 de septiembre de 1539. Fue entonces cuando el papa dio su aprobación oral de la Compañía, que no resultó eficaz hasta que, un año más tarde, emitiera la bula por escrito. El texto latino de «Los cinco capítulos» se encuentra en: MI, serie III, t. I, *Monumenta Constitutionum praevia*, Roma (1934) 14-21. La carta de Contarini a Ignacio, en pp. 21-22. Versión castellana de «los cinco capítulos» en: G. Schurhammer, SJ, (1992), *Francisco Javier. Su vida y su tiempo*, t. I: *Europa. 1506-1541*, 602-605.

[6] Fragmento de la *Fórmula del Instituto* incluida en la bula *Regimini militantis Ecclesiae*, de Paulo III, 27 de septiembre de 1540. Versión castellana en: *Constituciones de la Compañía de Jesús y Normas complementarias* (1995) Roma, 28. Dada su importancia, incluimos aquí el texto original, destacando en letra redonda la parte presentada en castellano en el texto: «*Quicumque in Societate nostra, quam Iesu nomine insigniri cupimus, vult sub crucis vexillo Deo militare, et soli Domino atque Romano Pontifici, eius in terris vicario, servire, post sollemne perpetuae castitatis votum, proponat sibi in animo se partem esse Societatis* ad hoc potissimum institutae ut ad profectum animarum

Esta bula fundacional de 1540 limitaba a 60 el número de profesos en la Compañía. Por eso, vista la numerosa afluencia de varones cristianos que deseaban ingresar en la Compañía, Ignacio solicitó del papa que suprimiera el *numerus clausus*, cosa que concedió cuatro años después[7].

Además, vista la expansión geográfica de los jesuitas enviados en misión, también convenía simplificar los trámites para poder ejercer libremente el ministerio sacerdotal. Esto, que hoy día, de ordinario, no suele suscitar problemas, en esa época sí. Era indispensable la licencia del obispo de la diócesis para desarrollar actividades apostólicas, máxime en una época en que la suspicacia ante los *iluminados* y las posibles tendencias luteranizantes estaba a la orden del día.

Para ello fue necesario que el papa emitiera otra bula al año siguiente. En ella se dice que, visto el fruto apostólico de la Compañía en sus primeros cinco años de existencia, se extiende la licencia a todos los jesuitas para predicar, confesar, celebrar la Eucaristía y demás sacramentos en *cualesquiera iglesias y parroquias*. Manda, además, a los obispos de los distintos lugares y a sus vicarios, que obedezcan a lo declarado en la bula y que *no permitan que ninguno de los jesuitas sea molestado* en el desempeño de su labor apostólica[8]. Esto, que hoy nos parece normal en nuestro entorno, entonces no lo era tanto, como tendremos ocasión de comprobar más adelante.

---

in vita et doctrina christiana, ad fidei propagationem per publicas praedicationes et verbi Dei ministerium, spiritualia exercitia et caritatis opera, et nominatim per puerorum ac rudium in christianismo institutionem, ac christifidelium in confessionis audiendis spiritualem consolationem, *praecipue intendat*». Bula *Regimini militantis Ecclesiae*, Paulo III (27 de septiembre de 1540) párrafo 4, en: *Bullarum, taurinensis editio*, t. VI, (1860), 304.

7   Bula *Iniunctum nobis* (14 de marzo de 1544). Véase: *Institutum Societatis Iesu*, vol. I, *Bullarium et compendium privilegiorum*, Florencia (1892), 7-10.

8   Bula *Cum inter cunctas* (3 de junio de 1545). Véase: *Institutum Societatis Iesu. Bullarium et compendium privilegiorum*, Florencia (1886-1891), 8-10.

También en aquellos años se estaba fraguando el texto de las *Constituciones*, es decir, del desarrollo normativo de la *Fórmula del Instituto* que permitiera organizar la estructura y modo de proceder del cuerpo de la Compañía. Este proceso, que arranca de las reuniones de los primeros compañeros en 1539, culminaría en 1551, aunque después sufrió algunas modificaciones de menor importancia. El resultado fue un amplio documento en diez partes que constituye el texto fundamental de la Compañía de Jesús[9].

Un último dato sobre la situación jurídica de la Compañía en 1547 es la organización territorial. El modo de agrupar geográficamente las comunidades de jesuitas (también actualmente) es la delimitación de territorios denominados *provincias*. Pues bien, en 1547 la única provincia existente era la de Portugal, erigida por Ignacio en octubre de 1546 con Simón Rodrigues como superior provincial. En Lisboa existía, desde 1541, la primera casa de la Compañía fuera de Roma[10]. Todos los demás jesuitas fuera de Portugal dependían directamente de Ignacio hasta que el 11 de septiembre de 1547 Ignacio erigió la provincia de España, nombrando provincial a Antonio Araoz, de 32 años de edad. Dos años más tarde, en 1549, erigiría la provincia de la India, con Francisco Javier, de 43 años, como provincial.

De los jesuitas de entonces, unos cuantos eran sacerdotes profesos y otros muchos estaban en periodo de formación. No es fácil conocer el número total, pero, gracias al historiador Astrain, sabemos que en otoño de 1547 había en España unos 40 jesuitas distribuidos en 7 ciudades[11].

---

[9] Texto íntegro de *Constituciones* en: *Obras de San Ignacio de Loyola* (2013), BAC maior, vol. 104, 466-582.

[10] Juan III de Portugal, que admiraba a Ignacio de Loyola, entregó a Simón Rodrigues y varios jesuitas el monasterio de San Antonio con su iglesia en Lisboa. Allí estuvo también Francisco de Rojas, que luego iría a Zaragoza. (POLANCO, *Chronicon*, t. I, 95, n. 32.)

[11] La distribución en las 7 ciudades resulta así: Madrid (4); Alcalá de Henares (11); Valladolid (3); Valencia (6); Gandía (10); Barcelona (4) y Zaragoza

El modo apostólico de proceder

En esa época todas las celebraciones litúrgicas eran en latín, lengua ignorada mayoritariamente por el pueblo. Esto aumentaba la importancia de la predicación en lengua vernácula en las iglesias. Por eso, el modo de darse a conocer los jesuitas recién llegados a un nuevo lugar, tal como consta en la bula de 1540, eran los sermones que les autorizaban a predicar en determinadas iglesias de la ciudad y el ministerio sacerdotal de la confesión. La buena oratoria en la que estaban formados solía tener impacto entre los oyentes, según testimonios de la época[12]. La reacción de algunos fieles era entablar relación con el predicador. Si la relación prosperaba, el paso siguiente podía ser proponerles los Ejercicios espirituales según el método de san Ignacio. Toda esta labor sacerdotal podía estar acompañada de visitas a hospitales y cárceles si la ocasión lo requería.

Los primeros jesuitas, y no digamos el propio Ignacio, también tenían a sus espaldas una larga experiencia de difamaciones y controversias en España, París y Roma, tanto con la gente como con algunos eclesiásticos de renombre. Eso sí: habían

---

(2). A. ASTRAIN, SJ, (1902), *Historia de la Compañía de Jesús en la Asistencia de España*. t. I, 278.

[12]   Sobre la importancia apostólica de la predicación, aduzco dos ejemplos. Carta de Antonio Araoz a Ignacio desde Barcelona, el 23 de octubre de 1542: «El Domingo pasado prediqué en San Miguel, adonde vino el Obispo [Juan de Cardona], y después del sermón me habló, rogándome fuese a hablarle: nos es muy afectado. Es cosa grande cuán edificada está toda esta ciudad, de lo cual sean incesables gracias y alabanzas a la divina y suma bondad de nuestro Criador y Señor. Ayer prediqué en La Seo, que se suele predicar antes del oficio, y después inmediatamente torné a predicar en San Jaime. Fue a los dos sermones auditorio notable» (MHSI, *Epp.Mixt.*, t. I, 114-116). El segundo ejemplo es del propio Ignacio, en su carta de octubre de 1547 a Simón Rodrigues, refiriéndose al P. Francisco Estrada: «dándole Dios este talento de predicar bien y mover mucho en todas partes donde ha predicado, parece sería bien le emplease en lugares donde importa mucho a la Compañía el concepto que de ella se toma» (MI, t. I, 602).

salido incólumes de todas las calumnias sufridas y llevaban consigo las bulas pontificias que los respaldaban para desempeñar su labor apostólica en cualquier país y bajo la jurisdicción de cualquier obispo[13].

También jugó un papel fundamental, como antes hemos indicado, la relación que Ignacio tenía con numerosas personas de la nobleza española e italiana y con autoridades eclesiásticas. De este dato queremos recalcar lo siguiente: la hidalguía de su cuna permitió a Ignacio relacionarse con numerosas personas de alto prestigio social, pues era de la casa de los Loyola[14]. Además, el llamativo viraje que dio a su vida causó admiración y sorpresa, lo cual acrecentó su fama como persona de gran valía y digna de fiar. Todo ello le facilitó mantener relaciones de alto nivel sin caer en las redes de la ambición, del poder y de la vanagloria, sino utilizando sus influencias únicamente para la causa del Evangelio y la propagación de la fe católica. Su objetivo *no era* la lucha contra el protestantismo, como erróneamente se ha dicho, sino la extensión del Reino de Dios mediante el cuerpo apostólico de la Compañía de Jesús.

Todo ello propició que surgieran bienhechores que, viendo la categoría intelectual y evangélica de los primeros jesuitas, no dudaran en ofrecer sus bienes para fundar obras apostólicas de la Compañía porque sabían que iban a redundar en beneficio de la sociedad del momento[15].

---

[13] Ya hemos expuesto la importancia de la bula *Cum inter cunctas* de 3 de julio de 1545.

[14] Uno de tantos datos sobre el prestigio de su linaje lo tenemos en la *Autobiografía*. Cuando en 1522 Íñigo va a Navarrete para cobrar unos ducados que le debían, y el tesorero del duque de Nájera le pone dificultades, añade: «sabiéndolo el duque, dijo que para todo podía faltar, mas que para Loyola no faltase, al cual deseaba dar una buena tenencia, si la quisiese aceptar, por el crédito que había ganado en lo pasado», *Autobiografía*, n. 13, en: *Obras de San Ignacio de Loyola* (2013), BAC maior, vol. 104, 36-37.

[15] Como ejemplos tenemos a Jerónimo Doménech, canónigo de la catedral de Valencia y luego jesuita, que hizo posible el colegio de la Compañía en esa

Razón de ser de los colegios de la Compañía

Como ya es sabido, en el siglo XVI los llamados «colegios» en ciudades universitarias eran internados para estudiantes. Ignacio mismo los conoció como alumno en París[16].

El apostolado nuclear de la Compañía desde sus comienzos fue *ayudar a los prójimos* de múltiples formas: ejerciendo el ministerio sacerdotal, dando catequesis a rudos e ignorantes, asistiendo a enfermos y desvalidos, ejerciendo la docencia de teología y de otras materias. Todo ello se resume en: evangelizar en el mundo contemporáneo mediante palabras y obras. Y esto, sin dejar un estilo de vida austero.

Pero se planteaba una cuestión clave por parte del grupo inicial: *después de nosotros, ¿quiénes continuarán esta obra apostólica?* A esto responden dos textos en castellano que forman parte de un conjunto mayor, considerado el borrador de las Constituciones. Ambos textos datan de 1541, año siguiente a la aprobación pontificia de la Compañía.

El primero está en el n. 42 del documento[17] y dice así:

«Hacer colegios en universidades léase en la fundación. No estudios ni lecciones en la Compañía».

La primera frase remite al documento que sigue a este y que el mismo Ignacio denominó: «Fundación de colegio». La segunda, excluye que las casas donde viven los miembros de la Compañía, como la casa profesa de Roma, sean centros docentes.

---

ciudad en 1544; el duque de Gandía, Francisco de Borja, que hizo lo propio con el colegio de Gandía al año siguiente y el obispo de Coria, Francisco de Mendoza (luego cardenal Mendoza) el de Salamanca en 1548.

[16] Íñigo de Loyola mismo menciona los colegios de Monteagudo (Humanidades) y Santa Bárbara, propiamente universitario. *Autobiografía,* nn. 73 y 84, en: *Obras...* BAC maior, vol. 104, 71 y 83.

[17] Cf. MI, serie III, t. I, *Monumenta Constitutionum praevia,* Roma (1934), p. 47, n. 42.

El segundo texto, corresponde a la expresión «léase en la fundación» y desarrolla este punto con estas palabras:

«Nos ha parecido ser conveniente y aun necesario que los que han de entrar en ella [la Compañía] sean personas de buena vida y de alguna suficiencia de letras. Y porque buenos y letrados se hallan pocos en comparación de otra gente (...) nos pareció a todos, deseando la conservación y aumento de ella, para mayor gloria y servicio de Dios nuestro Señor, que tomásemos otra vía, es a saber, de colegios, en la manera que se sigue. Primeramente, si Dios nuestro Señor para su propio honor, servicio y alabanza nos diese algunos benefactores para fundar algún colegio...»[18].

---

[18] *De collegiis et domibus fundandis* (MI, serie III, t. I, Roma, 1934, 49-51. Véase *ibid.*, lxviii-lxxvi). Por su realismo y sensatez, vale la pena conocer el texto íntegro de 1541; destaco en cursiva lo ya citado en el texto: «Como el escopo y fin de la Compañía sea, discurriendo por unas partes y por otras del mundo por mandato del vicario de Cristo nuestro Redentor y Señor, predicar, confesar y mostrar a muchachos y a otras personas rudas los mandamientos, pecados mortales y los otros fundamentos de nuestra santa fe católica; *nos ha parecido ser conveniente y aun necesario que los que han de entrar en ella sean personas de buena vida y de alguna suficiencia de letras. Y porque buenos y letrados se hallan pocos en comparación de otra gente*, y de los pocos los más que quieren ya reposar de sus trabajos pasados, quiénes teniendo beneficios en sus casas, quiénes teniendo mayores cargos, y otros modos de vivir según que Dios nuestro Señor distribuye a cada uno su talento en lo que más le podrá servir y alabar; hallamos cosa muy dificultosa que de los tales letrados, aunque buenos y doctos, pudiese ser aumentada esta Compañía, así por los grandes trabajos que se requieren en ella, como por la mucha abnegación de sí mismos, estando aparejados para caminar y trabajar hasta en cabo de todo el mundo, quier entre fieles o infieles; por tanto *nos pareció a todos, deseando la conservación y aumento de ella, para mayor gloria y servicio de Dios nuestro Señor, que tomásemos otra vía, es a saber, de colegios, en la manera que se sigue. Primeramente, si Dios nuestro Señor para su propio honor, servicio y alabanza nos diese algunos benefactores para fundar algún colegio* o algunos, el fundador del tal colegio, dando orden proveyese que el dicho colegio tuviese dominio sobre sus rentas y posesiones para nutrir estudiantes, de modo que del colegio fuese recibir dineros, posesiones y rentas, y hacer pleitos, cuando fuese necesario para la conservación de lo que le pertenece». Este texto de

Por tanto: se *aceptarán* colegios para formar a jóvenes *si existen bienhechores* que los funden, es decir, que los financien y doten de rentas para su mantenimiento y para el sustento de los escolares internos. Luego, ya se verá quiénes entre los estudiantes son aptos para incorporarse a la Compañía, o no. Además, también queda muy claro en otros textos de la época que las rentas destinadas al colegio no se aprovecharán para otros fines que no sean los específicos de la obra educativa, ni para los estudiantes ni para los jesuitas. Esto fue básico desde los comienzos de la Compañía de Jesús y, salvo los cambios debidos a la evolución de la sociedad, sigue vigente hoy día.

En pocos años hubo una notable evolución en la naturaleza de los colegios. En los comienzos, como hemos dicho, fueron residencias para los jóvenes jesuitas en formación[19] que asistían a clase en las universidades. Luego, se introdujeron clases de refuerzo en esas residencias-colegio, dada la lentitud con que se desarrollaban los programas en algunas universidades, como en Padua y en Coímbra[20]. Muy pronto, en Gandía se propuso la admisión de seglares (probablemente de origen morisco) que vivirían aparte de los estudiantes jesuitas[21].

1541 pasó, casi intacto, al proemio de la 4.ª parte de las Constituciones de la Compañía aprobadas unos años más tarde (*Const.*, nn. 307-308).

[19] Así tenemos los primeros colegios-residencia en París (1540), Coímbra (1542), Padua (1542), Lovaina (1542), Valencia (1544), Alcalá de Henares (1544). W. Soto Artuñedo, SJ, «El apostolado ignaciano de la educación: "Institutio puerorum" para la "reformatio mundi"», en: *Manresa* 89 (2017), 320.

[20] Cambio autorizado por Ignacio ante las quejas de Simón Rodrigues, para Coímbra, y de Polanco para Padua, entre 1542 y 1547. Véase W. Soto Artuñedo, SJ, *op. cit.*

[21] Francisco de Borja, en su carta a Ignacio el 28 de mayo de 1545, escribe: «yo recibiría merced y consolación, me enviase un Maestro en Artes, que consigo traiga un par de estudiantes para comenzar a dar principio a la obra, para los cuales tenemos ya renta asignada en Gandía. (...) Lo que pienso tendré para el Colegio de esta santa Compañía, y para los muchachos nuevos cristianicos, *que han de estar aparte*, serán seiscientos ducados de renta» (MHSI, *Borja*, t. II, 503-507).

Finalmente, el primer colegio *solo para alumnos seglares* fue el de Mesina, solicitado a Ignacio por el virrey Juan de Vega en 1547 y comenzado un año después[22]. Estos fueron los comienzos de los colegios de la Compañía ya en tiempo de Ignacio.

---

[22] Véase Soto Artuñedo, SJ, *op. cit.*, 321.

2

Novedad inesperada: Francisco de Borja

Francisco de Borja, marqués de Lombay, era hombre profundamente religioso. En 1529, a sus 19 años, se casó con la portuguesa Leonor de Castro. Tuvieron ocho hijos. Como hombre de confianza de Carlos V, sus relaciones se extendían por España, Portugal e Italia, incluidos los Estados Pontificios.

Damos por seguro que en los años 1539-1542 Borja tuvo que conocer la existencia de la Compañía, aunque fuera de oídas. Los primeros jesuitas que llegaron a España fueron Antonio Araoz[1], todavía novicio en 1539-1540, y el compañero de Ignacio Pedro Fabro[2] en 1541-1542.

Araoz se detuvo un tiempo en Barcelona, en Zaragoza y en varios lugares de Castilla. En su estancia en la Ciudad Condal trató con Francisco Gralla, Maestre Racional y Contador mayor de rentas de Cataluña, y con Jaime Cassador, arcediano y futuro obispo de Barcelona. Cuesta creer que siendo Borja virrey de Cataluña no llegase a sus oídos la noticia de estos

---

[1] Antonio de Araoz (1515-1573) pariente de Ignacio. En diciembre de 1538 hizo los Ejercicios en Roma. Fue el primer «jesuita en ciernes» que llegó a España en octubre de 1539. En 1541 fue ordenado sacerdote en Roma. La mayor parte de su vida la pasó en España donde jugó un importante papel en la naciente Compañía.

[2] Pedro Fabro (1506-1546) saboyano, hoy santo. Uno de los primeros compañeros de Ignacio en París y el primero en ser ordenado sacerdote. Presidió la Eucaristía en la que el grupo de los siete hizo el Voto de Montmartre el 15 de agosto de 1534.

hechos. Por su parte, Fabro nos aporta un dato más decisivo: en su carta a Ignacio, de 11 de marzo de 1542, le da cuenta de su recorrido, a lomo de mula, por diversas localidades de España, y de sus encuentros significativos. Predica en la residencia de las infantas, hijas de Carlos V; visita en Toledo al vicario general, pasa por Zaragoza y, finalmente, llega a Barcelona para continuar viaje hacia Lyon. Esto le dice Fabro a Ignacio:

> «Llegamos aquí a Barcelona este sábado de noche [no dice día del mes], y fuimos aposentados por mano del señor Virrey, marqués de Lombay, que está muy aficionado a todos nosotros así como la señora marquesa su mujer y por eso sois obligados de tener a sus señorías muy propinquamente [cerca] en vuestras memorias»[3].

En ese mismo año 1542 tenemos constancia de la *primera mención* que hace Borja de la Compañía en una carta que le dirige a Ignacio. Borja está en Monzón con Carlos V en las Cortes de la Corona de Aragón[4]. Nos ha llegado el texto de la carta traducido al italiano. Le dice a Ignacio que hace mucho tiempo que quería escribirle y que tiene deseo de conocerlo personalmente. Habla del fruto que Araoz está haciendo en Barcelona y le pide a Ignacio que no se lo lleve a Roma. Termina Borja diciendo a Ignacio: «Y si hay algo que yo pueda hacer por vos, señor, será para mí un placer que me lo mandéis»[5]. En posdata repite Borja la misma oferta encomendándose en las oraciones de Ignacio para que en los negocios de las Cortes pueda obtener el divino beneplácito.

---

[3]   Esta carta de Fabro se encuentra en MHSI, *Fabri monumenta*, 150-154. Además, hay más datos de su viaje en: MHSI, Polanco, *Chronicon*, t. I, 96. La carta de Araoz desde Zaragoza: MHSI, *Epp.Mixt.*, t. I, 31-38.

[4]   Las Cortes de Monzón de 1542 fueron convocadas por Carlos V el 5 de abril. Se celebraron entre el 23 de junio y el 6 de octubre de 1542.

[5]   *«E si c'è qualche cosa che io possa far'per vui, signore, avrò piacere mi lo comandate»*. Carta de Francisco de Borja a Ignacio, desde Monzón, 18 de julio de 1542. MHSI, *Borja*, t. II, 415-417.

En los años siguientes crece de forma llamativa el entusiasmo de Borja hacia la Compañía. Siendo marqués de Lombay y virrey *lloctinent* del Principado de Cataluña[6], sus posesiones en toda España alcanzaban un alto nivel. Hombre de confianza de Carlos V y de gran prestigio e influencia entre la alta nobleza española y el alto clero, volcó su esfuerzo en favor de la naciente Compañía focalizando su interés en la fundación de colegios. La situación precaria de la comarca de Gandía en cuanto a familias de *cristianos viejos*, en contraste con la abundancia de moriscos[7], fue sin duda un acicate para ayudar a la obra educativa cristiana de los jesuitas.

Otro motivo pudo ser el hecho de que, en 1544, Jerónimo Doménech, antiguo canónigo de la catedral de Valencia y entonces jesuita en formación[8], había fundado el colegio de Valencia, el primero de la Compañía en España. Al año siguiente, 1545, gracias a Borja se inició el colegio de Gandía, al que en

---

[6]   Francisco de Borja, barón de Lombay desde su nacimiento, fue elevado a marqués por Carlos V como regalo de su boda con Leonor de Castro en 1529. En 1539, Borja recibió de Carlos V el nombramiento de virrey de Cataluña, meses después de la muerte de su predecesor don Fadrique de Portugal, arzobispo de Zaragoza. Por último, en 1543, cuando muere Juan de Borja, padre de Francisco, este hereda su título como IV duque de Gandía. En ese momento, el marquesado de Lombay pasa a su hijo mayor, Carlos. El título de duque Borja lo mantendrá hasta 1550 siendo ya jesuita. (Véase C. de Dalmases, *El Padre Francisco de* Borja, 24-57).

[7]   En la nota 1 a la carta de Borja a Ignacio del 28 de mayo de 1545 (MHSI, *Borja*, t. II, 505) se ofrecen datos sobre los 17 municipios de la comarca de Gandía en tiempos de Francisco de Borja. En el conjunto de las 1007 familias de cristianos de los 17 municipios, solo el 8 % es de cristianos viejos frente al 92 % de nuevos. Y agrega el autor: «nada he dicho de las [familias] de moros y judíos, que aún residían en este país, y que tal vez fueran en número mayor al de los cristianos». P. Sanz y Forés (1889), *Colegio y Universidad de Gandía*, Gandía, 4-5.

[8]   Jerónimo Doménech (1516-1592). Hijo de un farmacéutico de Valencia. Maestro en Artes, sacerdote y rico canónigo de la catedral de Valencia. Profesaría en la Compañía en 1555.

1547 se agregó en la misma ciudad la primera universidad de la Compañía[9].

El año 1546 fue particularmente importante para el duque. La muerte de su esposa Leonor de Castro acontece el 27 de marzo. Dos meses después quiso hacer los Ejercicios espirituales de mano del jesuita Andrés de Oviedo[10]. Esta experiencia le produjo un profundo cambio personal que lo llevó a pronunciar, el 2 de junio del mismo año, *voto privado* de entrar en la Compañía. Andrés de Oviedo, desde Gandía, escribe a Ignacio el 8 de junio, sin mencionar nombres: «A otro caballero también los he dado [los Ejercicios]; y con gran claridad y conocimiento de la Compañía, ha hecho determinación y voto de ella, como haya expedido algunas cosas que tiene en su tierra que negociar»[11].

Meses después, Ignacio de Loyola admitió a Borja en la Compañía el 9 de octubre de 1546 *con riguroso secreto* «porque el mundo no tiene orejas para oír tal estampido»[12].

Borja ha sido admitido en la Compañía, pero aún no ha hecho la profesión que lo incorporará definitivamente. Esto será el 1 de febrero de 1548, fiesta, en esa época, de san Ignacio de Antioquía[13].

---

[9] Así consta en: POLANCO, *Chronicon*, t. I, 249, n. 211.

[10] Andrés de Oviedo (1518-1577), toledano. Acompañó a Roma a Francisco de Borja en 1550, y al año siguiente fue rector del recién fundado colegio de Nápoles. Poco después, fue nombrado obispo de Hierápolis y sucesor del patriarca de Etiopía, donde murió.

[11] Véase: MHSI, *Epp.Mixt.*, t. I, 284.

[12] Véase: MI, t. I, 442-444.

[13] La fórmula de sus votos está en la carta de Borja y Oviedo a Ignacio de 1 de febrero de 1548 (MHSI, *Borja*, t. II, 544-545), entonces memoria de san Ignacio de Antioquía, que actualmente se celebra el 17 de octubre. El año anterior, Ignacio, en su carta a Borja a mediados de 1547, manifiesta su devoción por el santo obispo mártir de quien tomó el nombre: «Ahora, viendo que la tal visitación y ganancia tuvo principio en el día del glorioso San Ignacio, me hace mucho más gozar en el Señor nuestro; y también persuadiéndome que a V. Sría. crecerá en devoción el nombre de tan bienaventurado santo, a quien yo tengo, o

Ese secreto no se desveló hasta unos años después: con el pretexto de ganar el jubileo del Año Santo de 1550, Borja iría a Roma con su séquito de unas 20 personas[14]. Allí fue recibido por Ignacio, quien lo hospedó en una parte independiente de la casa profesa, próxima a la actual iglesia del Gesù. Permaneció en Roma tres meses y medio, que fueron el único tiempo de su vida en que Borja e Ignacio se trataron presencialmente. El regreso a España lo hizo en febrero de 1551 yendo directamente a Loyola y a Oñate, donde fue ordenado sacerdote el 23 de mayo de ese año.

El resto de su vida, hasta que falleció en Roma en 1572, es bien conocido y no pertenece al objeto de este estudio, pero sí destacaremos el papel que jugó Borja en la fundación del colegio de Zaragoza[15].

Borja e Ignacio: preludio del colegio de Zaragoza

Las relaciones de Ignacio con la nobleza española y el alto clero, dado su linaje y su historia, se situaban preferentemente en la corona de Castilla, mientras que las de Borja abarcaban principalmente la corona de Aragón. Esto no quita que los dos tuvieran relación directa con la Corte de España, como lo atestigua la correspondencia de ambos.

En cuanto al colegio de Zaragoza, por la documentación y estudios a que hemos tenido acceso, parece claro que la primera

---

al menos deseo tener, muy especial reverencia y devoción en el Señor nuestro», (MI, t. I, 529).

[14] El relato detallado del viaje a Roma y de su regreso a Loyola y Oñate, véase en: Astrain, t. I, 291-297.

[15] El interés de Borja por Zaragoza se entiende vista la relación que tuvo con nuestra ciudad. Concluida la guerra de las Germanías en 1522, el niño Francisco, de 11, años fue confiado para su educación, junto con su hermana Luisa, al arzobispo de Zaragoza Juan de Aragón. Desde entonces y hasta los 18 años, Francisco pasó largas temporadas en Zaragoza (véase Dalmases, op. cit., 10-13). Su hermana Luisa residió más tarde en Pedrola como condesa de Ribagorza.

iniciativa de fundar un colegio de la Compañía en la capital aragonesa fue del duque de Gandía. Por otro lado, también es manifiesta la confianza que Ignacio depositó en Borja en cuanto a su modo de proceder, en este y en otros complicados asuntos. Estos dos hechos (iniciativa de Borja y confianza de Ignacio) aparecen trenzados en diversas ocasiones y cartas.

Los meses entre noviembre de 1546 y el verano de 1547 fueron cruciales para los comienzos de la Compañía en Zaragoza. Procuramos mantener el orden cronológico de la correspondencia, pero en la mayoría de los casos resulta muy difícil saber si una carta es, o no, la respuesta a otra, porque la fecha de recepción de la primera es incierta. Recordemos que la tardanza de la correspondencia entre Roma y España rondaba las cinco semanas y que, dentro de la Península, había que contar con 8 o 10 días en las mejores condiciones.

A nuestro entender, la primera vez que aparece una mención de Zaragoza como lugar para fundar un colegio de la Compañía es en una carta que Borja escribe a Ignacio en noviembre de 1546, un mes después de haber sido admitido con sumo secreto en la Compañía.

Aquí entra en juego el sacerdote aragonés doctor Miguel de Torres[16], nacido en Alagón en 1509, catedrático y rector de la universidad de Alcalá, quien en su estancia en Roma en 1542 hizo los Ejercicios con el mismo Ignacio y se decidió por la Compañía. Por deseo de Ignacio, regresó a España para que en Gandía entablara relación con Borja de suerte que ambos, casi de la misma edad, se ayudasen mutuamente en su naciente vocación. Torres hizo los votos en Gandía (también en secreto) en el mes de octubre de 1546.

Con este trato frecuente en Gandía, Borja cayó en la cuenta de la valía del doctor Torres como hombre de gran talla intelectual

---

[16] Miguel de Torres, SJ (Alagón, Zaragoza, 1509 - Toledo, 1593) ordenado sacerdote antes de entrar en la Compañía. Pronunció sus últimos votos en Medina del Campo en 1552.

y con dotes de gobierno y, sobre todo, como persona de su total confianza. Esto lo expresa Borja cuando lo llama «voz viva de mi alma» en la carta que escribe al arzobispo de Toledo, Juan Martín Silíceo, en ese mismo año[17].

En esta carta, Borja le suplica al arzobispo de Toledo que favorezca a los de la Compañía de Jesús. Lo interesante es el modo como Borja define a los de la Compañía:

> «... estos hijos de Dios, que por la pobreza y por la obediencia han entregado su vida para la gloria de Dios y salvación de las almas. Y pues de semejantes obras ha de ser labrada la viña del Señor, no de balde suplico yo a V. Sría. los alquile en la suya; pues aunque son de los postreros que vienen a ella, trabajan siguiendo los primeros»[18].

Con este modo de pensar respecto a la Compañía y con la confianza que le merecía el doctor Torres, tres días después de la carta dirigida al arzobispo, o sea el 11 de noviembre de 1546, Borja escribió a Ignacio en estos términos:

> «Viendo el talento que [Torres] tiene de prudencia, y cuán bien hace el oficio de Marta, le comuniqué el fruto que podía hacer en Zaragoza, edificando allí la Compañía; para lo cual llevó cartas mías para el Sr. Arzobispo, mi tío, y para doña Luisa, mi hermana, que está casada con el mayorazgo de la casa del conde de Ribagorza, y ella y su marido son muy devotos de la Compañía».

> «Llevó también para el Virrey y para el señor Vizconde de Evol y para otros señores y amigos míos; por donde piadosamente creemos, se sacará el fruto deseado, especialmente por el fundamento que tendrá en tener ya casa; porque una, que allí tengo, yo la he ofrecido para su morada, o el alquiler de

---

[17] Carta de Borja al arzobispo de Toledo, Juan Martín Silíceo, de 8 de noviembre de 1546, que se la envió mediante el doctor Torres (MHSI, *Borja*, t. II, 523-524).

[18] *Ibid.*, 523.

ella, si está alquilada por algunos años. Y también les ayudaré a sustentar alguno de los colegiales, porque allí tengo una poca de renta, que para eso podrá aprovechar. El Señor lo guíe como más fuere servido, y V. R. se lo encomiende, porque yo no lo borre. Y entre tanto piense a quién enviará, porque los aragoneses, aunque son difíciles al principio, son después harto constantes, etc.»[19].

Por tanto, Borja le comunica a Ignacio lo siguiente:

- Que él, Borja, anima a Torres a implantar la Compañía en Zaragoza.
- Que por medio de Torres ha enviado cartas a las autoridades eclesiásticas y civiles de Zaragoza y a «otros señores y amigos míos».
- Que él mismo, Borja, ofrece para la fundación sus posesiones y renta que tiene en Zaragoza.
- Que Ignacio piense en quién enviará para esta misión, conociendo a los aragoneses.

No sabemos la fecha exacta de la entrega de las cartas por parte de Torres. Tampoco conocemos ninguna carta anterior que aluda a este importante paso. En esa carta del 11 de noviembre Borja le *comunica* a Ignacio lo que *ya ha hecho* por iniciativa propia: no le pide su parecer. Por tanto, ateniéndonos a los datos de que disponemos, la propuesta de establecer la Compañía de Jesús en Zaragoza se debió a la iniciativa de Borja[20].

---

[19] Carta de Francisco de Borja a Ignacio, desde Gandía, el 11 de noviembre de 1546. (MHSI, *Borja*, t. II, 524-527). El texto transcrito está en 525-526.

[20] El decidido interés de Borja por favorecer a la Compañía no se limitaba a Zaragoza. En esta misma carta, le hace saber a Ignacio que ha escrito también al arzobispo de Toledo para que «favorezca a los hermanos de Alcalá» y que ha contactado con su tía, la duquesa de Medina Sidonia, para que favorezca a los de Sevilla. Además, meses más tarde a finales de marzo de 1547, Ignacio escribe al doctor Torres: «Cuanto a lo que el señor duque de Gandía, *siendo de*

¿Cómo pudieron percibir las autoridades de Zaragoza este gesto del duque? Nosotros, que conocemos «el final de la película», lo podemos interpretar como que el jesuita Miguel de Torres presenta esas cartas a los destinatarios de parte del jesuita Borja. Sin embargo, nada de esto podían pensar quienes recibieron las misivas. Nadie sabía que Borja y Torres habían hecho voto en secreto de entrar en la Compañía. A los ojos de todos eran el duque de Gandía y el exrector de la Universidad de Alcalá, dos personalidades de reconocido prestigio, ajenas a la Compañía de Jesús, que se interesaban vivamente por la nueva orden religiosa y que, en el caso del duque, estaba dispuesto a ceder posesiones que tenía en la ciudad. Nadie podía sospechar, ni siquiera el arzobispo, que tanto el duque como el portador de las cartas eran jesuitas.

Sin embargo, el prestigio por parte de Borja y del doctor Torres tuvo un efecto mucho menor que el esperado por parte de los destinatarios.

Pasadas las Navidades de 1546, el 19 de enero del nuevo año, Borja escribe al doctor Torres sorprendido «por no haber recibido carta de Zaragoza, ni aun de mi hermana»[21]. Es lógico que este silencio incomodase al duque que, además, era sobrino del arzobispo de Zaragoza.

Hacia finales de febrero de 1547 Andrés de Oviedo, desde Gandía, escribe a Ignacio un par de cartas en cuatro días. Por ellas sabemos la opinión de Miguel de Torres sobre la acogida que tuvieron en Zaragoza las cartas de Borja de las que él fue portador y, además, conocemos la opinión del duque sobre el perfil de los jesuitas que han de ser destinados a la capital aragonesa. Oviedo ya hace notar la frialdad del arzobispo y la intención de insistirle por parte de Borja. En cuanto a las

---

sí mismo movido, escribió a Zaragoza en favor de esta mínima Compañía, más de su señoría que nuestra...», (MI, t. I, 480-482). La cursiva es nuestra.

[21] Carta de Francisco de Borja a Miguel de Torres, que está en Madrid, el 19 de enero de 1547 (MHSI, *Borja*, t. III, 20).

cualidades de los jesuitas, recalca la importancia de tener un buen predicador. Además, Oviedo le informa a Ignacio sobre los jesuitas que están en Gandía, en Valencia y en Barcelona como quien le da pistas para elegir[22].

A finales del mes de marzo de 1547, Ignacio escribe a Miguel de Torres –todavía jesuita en secreto– que sigue estando en Gandía. Por el tenor de su escrito, se ve que Ignacio conoce bien las cartas de Borja que Torres entregó en Zaragoza el año anterior. Ignacio aborda el tema de quiénes se podrían enviar. Afirma que encuentra «mucha penuria de personas en la Compañía por el presente». Después de varias consideraciones, acaba diciendo que le respondió por carta al duque de Gandía lo siguiente: «que yo [Ignacio] escribía a Mtro. Simón en Portugal y al licenciado Araoz en la corte, asimismo a Valencia y a Barcelona (...) y hasta ahora esperando, no tengo respuesta». Pero Ignacio no propone ningún nombre para Zaragoza[23].

Lo de la *penuria de personas* debía de ser voz común entre los jesuitas y personas afines. En el mes siguiente, los días 11 y 24 de abril de 1547, Oviedo vuelve a escribir a Ignacio desde Valencia y Gandía. Su contenido lo consideramos crucial. Oviedo pone en boca de Araoz la expresión «penuria de predicadores», una realidad que no era trivial. ¿Por qué?

---

[22] Cartas de Andrés de Oviedo a Ignacio desde Gandía el 20 y el 24 de febrero de 1547. Destaco en cursiva lo que luego será un problema: «De Zaragoza se ha sabido del señor Doctor Torres cómo habló sobre ello, y del buen recaudo que halló: es a saber, cómo favorecía a este negocio el Virrey [Pedro Martínez de Luna], y *aunque el Arzobispo estaba tibio* en que por su parte se hubiesen de enviar a pedir de la Compañía para allá, sin embargo el señor Duque [Francisco de Borja] tiene propósito de *tornarle a escribir, de manera que sea de los que no estorben el negocio.* (...) En todo caso las personas que al señor Duque le parece que hayan de ir así a Zaragoza como a Sevilla, le parece que en cada parte, fuera de los estudiantes que podrían ir, como dos para Zaragoza, otros dos sacerdotes a cada parte, y que uno fuese predicador, a lo menos por los principios», (MHSI, *Epp. Mixt.*, t. I, 337-341 e *Ibid.* 341-344). El texto transcrito está en 339.

[23] Carta de Ignacio a Miguel de Torres a finales del mes de marzo de 1547, sin fecha exacta (MI, t. I, 480-482). Los dos textos citados están en 481 y 482.

Ya hemos expuesto más arriba que, al llegar la Compañía a un nuevo lugar, el modo de iniciar el ministerio sacerdotal era a través de un tipo de predicación que conmoviera los ánimos. Esto no estaba al alcance de cualquier jesuita, aunque todos hubieran sido formados para la oratoria. Por tanto, renunciar a este medio apostólico en el caso de Zaragoza suponía un punto de inflexión en el proceso de buscar sujetos aptos.

En estas cartas, el mismo Andrés de Oviedo presenta a Ignacio una novedad sobre el tema de Zaragoza. Refiriéndose al duque de Gandía, Oviedo le dice a Ignacio: «le pareció a Su Sría. [Francisco de Borja] que se podría por ahora dejar de enviar predicadores, hasta que el Señor los envíe, entrando por la vía de humildad, y le parecía que para Zaragoza serían buenos el P. Hércules que está al presente en Valencia, esperando el parecer de V. P., si de esto será contento para Zaragoza; y junto con él le parecía a Su Sría. que fuese el P. Francisco de Rojas, a lo menos para el principio»[24].

Unos días después, desde Gandía, Oviedo le insiste a Ignacio: «En cuanto a lo que se [ha] escrito sobre Zaragoza, esperando la respuesta de V. P., se es detenido el P. Hércules en Valencia, pareciendo conveniente para confesor, y así le parece al señor Duque que él y el P. Francisco de Rojas serían buenos»[25].

Esto supone un paso cualitativamente nuevo: Borja renuncia a tener predicador de categoría en Zaragoza «entrando por la vía de humildad» y además propone dos nombres –Francisco de Rojas y Hércules Bucceri– sometiéndolos a la aprobación de Ignacio.

---

[24] Carta de Andrés de Oviedo a Ignacio, desde Valencia, el 11 de abril de 1547 (MHSI, *Epp. Mixt.*, t. I, 353-355). El texto citado está en pp. 353-354.
[25] Carta de Andrés de Oviedo a Ignacio, desde Gandía, el 24 de abril de 1547 (MHSI, *Epp. Mixt.*, t. I, 362-365). El texto citado está en p. 362.

Dos gestos clave de Ignacio con Borja

En estos meses hay dos hechos que atestiguan de modo insólito la confianza que Ignacio había depositado en Borja, aceptando sin fisuras su opinión y su criterio en los asuntos de la Compañía. No se sabe la fecha exacta, pero debieron de tener lugar entre mayo y junio de 1547.

El primero es una carta de Ignacio a Borja cuando todavía se estaban dirimiendo los destinos de jesuitas para Zaragoza y Sevilla. Le dice así:

«En todo V. Sría. ordene como mejor le pareciere y juzgare a mayor gloria divina, que aquello mismo me parece y lo juzgo; y cuanta jurisdicción o autoridad pareciere que yo tenga cerca los hermanos, yo se la doy a V. Sría. toda, para que, sin remitir acá, allá ordene V. Sría. todo cuanto sintiere a mayor gloria divina»[26].

Lo cual significa darle plenos poderes al todavía duque de Gandía, jesuita en secreto.

El otro gesto no consta en el epistolario Borja-Ignacio, pero aparece en una nota a la carta de Araoz a Ignacio el 24 de abril de 1547 desde Madrid[27]. La nota remite a la obra del jesuita a quien Ignacio nombró primer secretario de la Compañía: el burgalés Juan de Polanco, a quien debemos una valiosa historia de la Compañía[28]. En los párrafos que Polanco dedica al año

---

[26] Carta de Ignacio a Francisco de Borja a mediados del año 1547 (MI, t. I, 528-531). El texto citado está en la p. 530.

[27] Carta de Araoz a Ignacio, desde Madrid, el 24 de abril de 1547 (MHSI, *Epp.Mixt.*, t. I, 357-362). La nota 4 se encuentra en pp. 358-359.

[28] Juan Alfonso de Polanco, SJ (Burgos, 1517 - Roma, 1576). Ingresó en la Compañía en 1541. En 1547 fue nombrado secretario de la Compañía, cargo que ejerció sin interrupción durante 26 años bajo los tres primeros generales (Ignacio, Diego Laínez y Francisco de Borja). Su obra *Chronicon Societatis Iesu ab anno 1537* se encuentra en: MHSI_*Polanco*, t. I a partir de la pág. 77 y ocupa seis volúmenes.

1547, cuando alude a la relación entre Ignacio y Borja dice, en síntesis, lo siguiente: Borja le escribió a Ignacio de forma oficiosa acerca del inicio de los colegios en Zaragoza y en Sevilla; Ignacio, que no podía hacerse cargo de los pormenores de la situación dada su lejanía de España, le envió a Borja una *hoja en blanco con su propia firma*, para que Borja escribiera en ella lo que considerara que se debía hacer, de modo que esas palabras tuvieran la autoridad del fundador de la Compañía[29]. No cabe mayor confianza de Ignacio hacia Borja. No sabemos el uso que le dio Borja a este hecho. Tampoco esta fue la única vez que Ignacio realizó este gesto con personas de su confianza.

Por otra parte, Araoz y el doctor Torres estuvieron en Zaragoza, Alagón y Pedrola según consta en carta del 7 de julio de Araoz a Ignacio[30].

Por tanto, en junio-julio de 1547 ya estaban en Zaragoza los jesuitas Francisco de Rojas, castellano, sobrino del conde de Orgaz, y el italiano Hércules Bucceri, pero no hemos

---

[29]   El texto de Polanco dice así: «*Cum idem Dux* [Franciscus Borgia] *ad inchoandum Collegium Caesaraugustae et Hispali, ad P. Ignatium officiose scriberet, ille, cui res Societatis in Hispania minus perspectae erant, quam ut posset quidquam certi constituere, subscriptionem sui nominis in alba papyro ad Ducem transmisit, ut, habita ratione rerum Societatis eo in regno, superscriberet illo chirographo vel subscriptione, nomine ipsius P. Ignatii, quod ei scribendum videretur; quae confidentiae significatio mirum est quantopere Ducis animum, alioqui sibi et Societati valde devinctum, strinxerit ac consolatus fuerit*» (PoLANCO, *Chronicon*, t. I, 249, n. 211).

[30]   «El Doctor Torres y yo vinimos a Alagón, víspera de S. Juan, que es cinco leguas de esta ciudad [se entiende, Zaragoza], y es su tierra, donde prediqué y fuimos á Pedrola, que es dos leguas de allí, a ver la hermana del Duque de Gandía» (…) «Cuando vine aquí, hallé á *Hércules* solo con un mozo que trajeron, sobrino de Ciprián, que vino de ahí, y según me han dicho le recibió Mtro. Andrés, hará quince días, y ahora pasan de 20 que *Rojas*, no me hallando a mí aquí, en el ínterim que yo venía, pasó a su tierra, que es 30 leguas de aquí, a dar orden con la Condesa su tía, que ahora ha heredado el condado de Orgaz» (MHSI, *Epp.Mixt.*, t. I, 386-391). La cursiva es nuestra.

encontrado carta alguna del destino de ambos por parte de Ignacio: solo la ya expuesta iniciativa de Borja, duque de Gandía.
Con todo, su itinerario no fue sencillo[31].

---

[31] Francisco de Rojas jugó un importante papel en los primeros años de
la Compañía en Zaragoza y afrontó muchas dificultades. Escribió numerosas
cartas, principalmente a Ignacio. Da la impresión de que antes de ir a Zaragoza
tuvo un proceder desacertado en Valencia, aunque allí también era muy apre-
ciado por los fieles. Puede verse la carta de Diego de Eguía a Rojas, el 2 de
septiembre de 1548, para que acuda cuanto antes a Roma (MHSI, *Epp.Mixt.*,
t. I, 557-558). También Borja le exhorta a Rojas a la consolación en la tribula-
ción, en su carta de 9 de septiembre de 1548 (MHSI, *Borja,* t. III, 33-34). Polanco lo menciona y lo alaba, si bien indica su vacilación en la vocación. Resume
su final en la Compañía el año 1556 (MHSI, *Polanco*, t. VI, n. 2324). En cuanto
a Hércules Bucceri los datos son más escasos. Consta el registro de la carta de
Ignacio, de julio de 1548, en que le exhorta a que obedezca a Antonio Araoz
(MI, t. II, 170). En el año 1553 no hay ninguna carta de Ignacio dirigida a él, ni
tampoco cartas escritas por Hércules. Es verdad que tanto Rojas como Hércules
participaron en el viaje de Borja a Roma para ganar el jubileo del Año Santo en
1550, pero también es cierto que ambos salieron de la Compañía. Puede verse
también: Astrain, t. I, 270-271 y 277; notas 2 y 3 de p. 271.

3

Zaragoza: años de dificultades

Antonio de Araoz, primer provincial de España

El 11 de septiembre del mismo año 1547, Ignacio envió al
P. Araoz tres cartas. Dos de ellas contienen, con diferente redacción en latín, el nombramiento de superior provincial para
toda España, excluyendo expresamente a Portugal[1]. España se
convertía así en la segunda provincia que se erigía en la Compañía de Jesús, como antes hemos indicado.

Confiar –por parte de Ignacio– el gobierno de la Compañía
en España a Antonio de Araoz significaba delegar en él todas
las decisiones ordinarias; significaba también reconocer que,
con la distancia de Roma y la tardanza epistolar, era necesario
dar el voto de confianza a quien estaba presente en el terreno de
la acción apostólica, todavía incipiente.

La tercera carta de Ignacio para Araoz, que lleva la misma fecha, pero está escrita en castellano, es de muy diversa
índole y considero que es la más importante para conocer el
modo de gobernar de Ignacio. Es la primera carta que le dirige
a Araoz como recién nombrado provincial y por eso aborda

---

[1] Existen dos cartas de Ignacio a Antonio Araoz, ambas datadas el 1 de
septiembre de 1547. En las dos se dice que Portugal (que era la primera provincia establecida) queda excluido: «*quapropter te in tota Hispania (Portugallia
excepta) in praepositum provincialem quorumcumque locorum ac collegiorum
nostrae Societatis ad beneplacitum nostrum creamus, facimus atque deputa-
mus*» (MI, t. I, 584-588). El texto transcrito está en p. 587.

temas delicados. De forma sorprendente, le propone a Araoz que a Francisco de Rojas, recién llegado a Zaragoza, lo despida de la Compañía. Ignoramos qué noticias le habían llegado a Ignacio sobre irregularidades en la conducta de Rojas, para llevarle a tomar una decisión tan drástica.

Pero lo más llamativo de esta carta es la *evolución del parecer de Ignacio* a lo largo de la misma, reconociendo que, estando él a tanta distancia de los hechos, puede no tener una visión certera para valorarlos. Transcribimos aquí lo que consideramos una pieza de antología sobre el modo de gobernar de Ignacio:

«Yo, habiendo dicho lo que me parece y siento in Domino, *como no estoy tanto al cabo de las verdades y cosas particulares*, que han pasado y pasan cerca esta persona en Valencia, ni tampoco de la desedificación o escándalo, ni tampoco de los inconvenientes, que podrían ser en echarle luego de Zaragoza; *si otra cosa os pareciese cerca el dilatar la ejecución de lo que escribo* por algún poco de tiempo, o de otra manera que a mayor gloria divina y al mayor bien universal se pudiese atinar y enderezar; podréis consultar con el señor duque y con el señor Dr. Torres; y *lo que allá a todos os pareciere in Domino, yo, deponiendo mi juicio, tendré siempre por mejor*. Y así libremente pudiendo determinar como mejor os pareciere en todo, os envío una firma mía, para que podáis escribir sobre ella todo lo que allá determinareis in Domino, o hacer de vuestra autoridad y de la mía, etc.»[2].

O sea: después de haber dicho taxativamente que expulse a Rojas de la Compañía, Ignacio reconoce su desconocimiento en detalle de lo que ocurre en Zaragoza y deja la decisión en manos de Araoz, Torres y Borja.

---

[2]   Carta de Ignacio a Araoz del 1 de septiembre de 1547 (MI, t. I, 588-590). La cursiva es nuestra.

De hecho, Francisco de Rojas continuaría en Zaragoza durante años, y con buena acogida por parte de muchos. Ya hemos
indicado más arriba otras vicisitudes de su vida.

Por otra parte, igual que Ignacio hizo con Borja en este mismo año, Ignacio envía también a Araoz una hoja en blanco con
su firma. Este modo de proceder, tan ponderado y dialogante,
caracteriza ya en sus comienzos la obediencia en la Compañía
de Jesús[3].

La situación en Zaragoza

En España estamos en una época de *atmósfera socialmente católica* tanto en la población como en el clero y en la monarquía y
alta nobleza. Esto viene acentuado por la actitud de defensa ante
el movimiento protestante nacido en el norte del Sacro Romano
Imperio, que también dará ocasión a diversos enfrentamientos
como la batalla de Mühlberg en 1547. Tampoco faltan esporádi-
cos autos de fe en Valladolid, incluida la quema de herejes[4].

La Zaragoza de 1547 es una ciudad de unos 25 000 habitan-
tes. Ya se pueden admirar los retablos de la catedral de La Seo

---

[3] Otro ejemplo de este gesto de confianza lo encontramos cuando Ignacio
nombra a Jerónimo Nadal comisario para España y Portugal en 1553. Entre los
objetos enumerados en su ajuar de viaje aparece, en primer lugar: «*1. Molte firme
in bianco, et patenti con sigillo et sottoscrizione del Padre in bianco*». Véase:
carta de Ignacio a Nadal el 10 de abril de 1553 (MHSI, *Epp. Natalis*, t. I, 143-145,
nota única; también: MHSI, *Polanco*, t. III, Hist. 1553-1554, 439, nota 2).

[4] Antonio Araoz, en su carta a Ignacio desde Valladolid el 29 de junio de
1545, dice: «Hanos encomendado [el inquisidor general] que en un auto, que se
hará aquí presto, nos hallásemos para confortarlos y enseñarlos», (MHSI, *Epp.
Mixt.*, t. I, 227). Por otra parte, en la nota 1 a la carta de pésame que Leonor de
Castro escribe el 21 de julio de 1545 a Felipe II por la muerte de su esposa doña
María, a los cuatro días de su parto del 8 de julio, se dice cómo fue desasistida
de sus camareras porque fueron a presenciar un auto de fe de unos reos «de los
cuales dos fueron quemados» dejando sola a la princesa, que falleció (MHSI,
Borja, t. I, 593-594). Este auto pudo ser el mencionado por Araoz.

y de la iglesia-colegiata del Pilar y también la portada plateres-
ca de Santa Engracia. Ha sido ya fundada la Universidad por el
emperador Carlos V. Se está edificando la Lonja y está a punto
de terminarse el Patio de la Infanta en Casa Zaporta.

Hay numerosas iglesias y conventos. Destacan las parroquias de San Gil, San Pablo, San Miguel y la Magdalena. Y de
conventos: los franciscanos, dominicos, agustinos... las monjas
clarisas de Santa Catalina y los jerónimos de Santa Engracia,
que pertenecían a la diócesis de Huesca.

El virrey de Aragón es Pedro Martínez de Luna[5]; el gobernador, Francisco de Gurrea y Sánchez[6]; el Justicia, Ferrer de
Lanuza II[7]; el arzobispo de Zaragoza, Hernando de Aragón[8] y

---

[5]   Pedro Martínez de Luna, I conde de Morata de Jalón (ca. 1492-1570).
Fue nombrado virrey de Aragón en 1539 y se mantuvo en el cargo hasta 1554.
Durante su mandato, entre 1551 y 1552, mandó erigir el palacio sede de la
Audiencia Provincial en el Coso zaragozano. Tomado de J. GASCÓN PÉREZ, *Mar-
tínez de Luna, Pedro. Conde de Morata del Jalón c. 1492B1570. Virrey de Ara-
gón*, en: https://www.rah.es/

[6]   Francisco de Gurrea y Sánchez. Ejerció el cargo de gobernador entre
1531 y 1554, año de su muerte. Era el encargado de mantener el orden público
y el cumplimiento de las pragmáticas y órdenes reales; ante la ausencia del
virrey, asumía las funciones de este (tomado de J. I. GÓMEZ ZORRAQUINO, «Los
gobernadores del reino de Aragón (siglos XVI-XVII)», en: *Revista de Historia
Moderna* 1/32 [2014], Universidad de Zaragoza, 18).

[7]   Ferrer de Lanuza II (H1554). Fue un noble jurista, miembro de la casa
de Lanuza, la cual mantenía un monopolio hereditario sobre la figura del Justicia de Aragón, siendo Ferrer el sexto de la dinastía en ejercer el cargo. En
1547, tras renunciar su predecesor, Lorenzo Fernández de Heredia, tomó posesión del cargo de Justicia de Aragón. Murió el 16 de abril de 1554, siendo
sucedido por su hermano Juan (en: https://es.wikipedia.org/wiki/Ferrer_de_
Lanuza_y_Perell%C3%B3s).

[8]   Hernando de Aragón (Zaragoza, 1498 - Zaragoza, 1575). Hijo del que
había sido arzobispo de Zaragoza entre 1478 y 1520, Alonso de Aragón (hijo
natural de Fernando el Católico y Aldonza Iborra y Alemán, joven noble cata-
lana de Cervera) y de Ana de Gurrea, señora de Argavieso. Hernando creció
en la corte del rey Fernando el Católico. En 1522 dio un cambio hacia la vida
monástica cisterciense en el monasterio de Santa María de Piedra. En 1535 el
papa Paulo III lo nombra abad de Santa María de Veruela y, en 1539, arzobispo

su vicario Lope Marco[9]: ambos, monjes cistercienses y sucesi-
vos abades del monasterio de Santa María de Veruela.

La familia González de Villasímplez

En cualquiera de las publicaciones sobre los comienzos de la
Compañía en Zaragoza se destaca la importancia del entonces
conservador del Patrimonio Real en Aragón y secretario de
Carlos V, Juan González de Villasímplez[10], nacido en Zaragoza
hacia 1470. No sabemos el año en que enviudó, pero un tiempo
después decidió dar un importante viraje a su vida y se ordenó

---

de Zaragoza, donde falleció en 1575. Fue el último prelado perteneciente a la
Casa Real de Aragón. (Véase: J. IBÁÑEZ FERNÁNDEZ, [2001], *Splendor Verolae*.
23-30).

[9] Lope Marco (Campillo de Aragón, *ca*. 1503 - Zaragoza, 1560). Sus padres: Domingo Marco, de Nuévalos, y María Sánchez, de Campillo. En 1522
toma el hábito cisterciense en Santa María de Piedra, cinco días antes que Hernando de Aragón. Esta coincidencia hizo posible que entre ambos existiera una
amistad de por vida. De hecho, Lope Marco acompaña a Hernando de Aragón
cuando en 1535 este es destinado como abad a Santa María de Veruela, y le
sucede como abad en 1539 al ser nombrado Hernando arzobispo de Zaragoza.
En 1545, al morir Juan Martínez, prior de la Colegiata del Pilar y vicario del
arzobispo, Hernando de Aragón quiere que Lope sea su vicario, sin dejar de
ser abad de Veruela y visitador del Císter en los reinos peninsulares. A partir
de entonces Lope reside muy poco en Veruela. En 1560 Lope Marco muere en
Zaragoza. (Véase: IBÁÑEZ FERNÁNDEZ [2001], *Splendor Verolae*, 72-76).

[10] En publicaciones recientes aparece «Villasimpliz» como segundo ape-
llido. Sin embargo, he preferido atenerme a los testimonios más antiguos del
epistolario de MHSI entre 1547 y 1555 donde, salvo escasas excepciones, figura
«Villasimplez» (sin tilde) y, en los índices del tomo II de *Epp. Mixtae*, «Villasímplez» que es la forma que hemos escogido por similitud con los apellidos
castellanos terminados en «ez». Dígase lo mismo, aunque sin tilde, en Polanco y
Astrain. En Gabriel Álvarez encontramos «Villa simplez» en el cap. 26, y «Villa
simplir» en el 51. Es cierto que Pons Fuster transcribe «Villa simplis» en el inventario de bienes del conservador en 1548 realizado en Gandía, pero considero
que apellidos castellanos como Sánchez, Pérez y Gómez pueden derivar en el
Levante español en Sanchiz o Sanchis, Peris y Gomis, y este podría ser nuestro
caso.

de sacerdote. Es bien conocido el hecho de que fundó un colegio para doncellas con aprobación pontificia de Clemente VII en 1531, denominado Colegio de las Vírgenes, del cual, su hija mayor, Ana, fue la rectora.

Según Lop Otín, «la primera sede del colegio estuvo situada en parte de las dependencias de la vivienda de la propia familia (…) un palacio situado en el Coso –nn. 36-40 según la actual numeración–, derribado en la década de 1940 para construir la sede del Banco de Aragón»[11], es decir, en el solar de las actuales casas del Coso que están frente a la calle Alfonso I. Años más tarde, en 1585, cambiaría de emplazamiento quedando situado hacia la actual calle Méndez Núñez. Todavía existe en la actualidad un vestigio del mismo: la calle de las Vírgenes en el centro histórico de Zaragoza.

Todos los historiadores coinciden en que Juan González de Villasímplez, viendo que su colegio no tenía futuro, ofreció su casa e iglesia adjunta a la Compañía de Jesús recién llegada a nuestra ciudad. La pregunta básica es cómo Juan González conoció de tal modo la Compañía que llegara a ofrecer el edificio e iglesia para colegio de la nueva orden religiosa.

Hemos encontrado un interesante testimonio en Polanco. Refiriéndose a la predicación del jesuita Andrés de Oviedo en Gandía en 1548, dice expresamente que, entre los asistentes, se encontraba el conservador de Aragón Juan González, el cual admiraba a Francisco de Borja desde que lo conoció en las Cortes de Monzón el año anterior[12]. El mismo Polanco añade que el conservador tenía un pequeño colegio (*collegiolum*) para doncellas en Zaragoza y que, al haber sido suprimido por la

---

[11] Pilar Lop Otín (2016), «Nuevas aportaciones sobre el Colegio de las Vírgenes de Zaragoza: límites y evolución en los siglos XIX y XX», en: *Artigrama* 31 (2016), 374.

[12] Las Cortes de Monzón de 1547 fueron convocadas el 6 de abril. La primera sesión tuvo lugar el 5 de julio y la última el 9 de diciembre. Fueron presididas por el príncipe (futuro Felipe II) pues Carlos V estaba en Alemania a causa de la batalla de Mühlberg.

autoridad apostólica, lo donó a la Compañía como casa[13]. Por tanto, detrás de la actitud benefactora de Juan González de Villasímplez hacia la Compañía de Jesús, también está la persona de Francisco de Borja.

No sabemos cuánto tiempo estuvo Juan González en las Cortes de Monzón en 1547 ni cuánto se detuvieron en Zaragoza el P. Araoz y el doctor Torres, pero lo más probable es que en el verano de ese año tuvieran ocasión de entrevistarse con el conservador en Zaragoza. Los trámites pontificios para permutar el colegio de las Vírgenes en un colegio de la Compañía pudieron iniciarse entonces. Sabemos que culminaron en un Breve pontificio de Paulo III del mes de marzo del año siguiente[14]. En cualquier caso, a comienzos de septiembre de 1547 Ignacio ya era sabedor de estos hechos, como consta por la única carta dirigida al conservador que conocemos:

«Hago gracias a Jesucristo en el gozo y consolación que me ha dado, viendo la buena relación, que el señor *Dr. Torres* y el licenciado *Araoz* de Vuestra Merced me dan, de su vida pía, santa conversación y ejercicios espirituales. Sea todo a mayor gloria de su divina bondad, fuente de todo bien; y así nos gozamos en el mismo espíritu de Jesucristo, el cual le ha dado tan buena afición a esa mínima Compañía, *con deseo de dar*

---

[13] El texto de Polanco dice así: «*Inter alios, qui tunc Gandiae versabantur, erat dominus Joannes Gonzalez, Aragoniae Conservator, qui cum anno praecedenti comitiis Monzoni adesset, et ibi Ducem Gandiae cognovisset, qui quasi omnium virtutum speculum, curiae Principis Philippi atque omnibus, qui ei aderant, admirationi fuit, magnum concepit desiderium ejus exemplo et convictu fruendi; et ita Gandiam se contulit, ubi et ipse in spiritu plurimum profecit, et quoddam collegiolum, quod Caesaraugustae ipse ad filiarum domicilium constituerat, et postea auctoritate apostolica honestas ob causas dissolverat, nostris, qui tunc domum non habebant, dare decrevit*» (MHSI, *Polanco*, t. I, 309, n. 268).

[14] Según Borrás, una copia del trasumpto del Breve, de 9 de marzo de 1548, se halla en: ARSI, F.G., 1590, I, Doc. 13. Véase: A. BORRÁS Y FELÍU, SJ (1984), *Fundación del Colegio de la Compañía de Jesús de Zaragoza*, 141.

principio a un colegio en esa ciudad para ella, a servicio de su divina y eterna majestad»[15].

Aunque se conozca la ubicación del colegio de las Vírgenes, no queda claro cuánto espacio ocupaba. Por la correspondencia de la época parece que constaba de un edificio con iglesia adjunta y otra casa adosada. No podemos saber con certeza qué uso pudieron hacer del edificio los jesuitas Rojas y Hércules. Parece que sí pudieron ejercer el ministerio sacerdotal en esa pequeña iglesia, pero las noticias en estos primeros años resultan confusas. Además, según Borrás, que aduce un dato del Archivo Histórico de la Compañía, estos jesuitas que habían venido «alquilaron una casita adonde estuvieron año y medio» la cual estaba «en la parroquia de San Gil, en la morería que llaman cerrada»[16]. También disponemos de las señas que figuran en 1548 en el sobrescrito de una carta que envía el doctor Miguel de Torres desde Salamanca a Zaragoza para el P. Antonio de Araoz: «A mi en Xto. nuestro Señor carísimo Padre, el Licenciado Araoz, de la Compañía de Jesús. En la posada del Conservador viejo dirán de él, al coso, en Zaragoza. De porte medio real»[17].

Como decíamos, el breve de Paulo III concediendo la permuta de la fundación del colegio de las Vírgenes por uno de la Compañía –breve solicitado por el propio Juan González– fue emitido el 9 de marzo de 1548. Sabiendo la tardanza de las comunicaciones, lo más probable es que el conservador no pudiera verlo: murió a comienzos de abril «retirado en Gandía en compañía de san Francisco de Borja, íntimo suyo»[18].

---

[15]   Carta de Ignacio a Juan González de Villasímplez, el 2 de septiembre de 1547. (MI, t. I, 591). La cursiva es nuestra.

[16]   A. Borrás y Felíu, SJ, *Fundación del Colegio de la Compañía de Jesús de Zaragoza*, 141 y nota 14. Fuente: ARSI, Arag. 23, I, fol. 56.

[17]   Carta de Torres a Araoz, el 24 de abril de 1548 (MHSI, *Epp. Mixtae*, t. I. 490).

[18]   Véase: Dormer, cap. 59, 504ss. En cuanto a la fecha de su muerte: «El mismo día 2 de abril o como mucho el día siguiente murió en Gandía Juan

La noticia de su fallecimiento no tardó en llegar a Roma. A finales de mayo escribe Polanco al provincial Araoz por comisión de Ignacio. Responde a sus cartas del mes de abril cuyo contenido desconocemos. Por esta respuesta de Polanco podemos inferir lo que Araoz le comunicó en las suyas. Polanco alude a la muerte del conservador y dice que debe constar su nombre entre los fundadores de colegios de la Compañía. Además, Polanco demuestra ser sabedor del desacuerdo de Juan Luis González de Villasímplez, hijo del conservador, respecto a la voluntad de su padre hacia la Compañía, y deja claro el criterio de Ignacio a este respecto: «Vuestra Reverencia *contra su voluntad* [del hijo] *no procederá*; mas, *suspendiendo la cosa, podrá avisar al señor duque de Gandía, y seguir en esto su parecer*»[19].

Estas líneas ya anuncian lo que iba a ocurrir. La muerte de Juan González de Villasímplez supuso un brusco viraje de la situación. Fue el comienzo de largos años de desavenencias y dificultades jurídicas debidas a las reacciones dispares de los hijos del conservador ante la voluntad de su padre hacia la Compañía. Más adelante, volveremos sobre este asunto.

En la correspondencia recogida en MHSI (*Epp. Mixtae*, t. II, p. 930) aparecen nombres de hijos del conservador: Ana, Aldonza, Juan Luis y Melchor. Para nuestro trabajo no es necesario entrar en más detalles[20]. Aldonza manifestó siempre su

González...» en: F. PONS FUSTER, «El Secretario Real Juan González... testamento, inventario y subasta de sus bienes en Gandía en 1548», en *Estudis* 30 (2004), 92.

[19] Carta de Polanco (por comisión) a Araoz, de 27 de mayo de 1548 (MI, t. II, 122-125). La cursiva es nuestra. Al comienzo de la misma dice Polanco: «Recibido hemos las de V. R. de 12 y 14 de abril» pero estas cartas de Araoz no se encuentran en la colección de MHSI.

[20] Según Latassa (t. I, 642) las hijas son tres: Ana, Isabel y Lucrecia. No menciona a Aldonza ni a los varones. Según Dormer (cap. 59, pp. 504ss.) «la primera Rectora D.ª Ana González, y colegiales D.ª Aldonza, D.ª Isabel y D.ª Lucrecia González, hijas las cuatro del Fundador». Tampoco menciona a los hijos varones.

afecto por la Compañía en continuidad con la voluntad de su padre. Ana, la mayor, que fue rectora del colegio de las Vírgenes, se puso en contra de la entrega de la casa a la Compañía. Marchó a vivir a Roma y allí siguió litigando contra sus hermanos. Murió en Roma y, según Dormer, fue enterrada en San Giacomo degli Spagnoli[21]. Juan Luis, sucedió a su padre como conservador del Patrimonio Real en Aragón. De Melchor, apenas tenemos noticia.

La correspondencia con los hermanos González de Villasímplez que hemos podido revisar se reduce a Juan Luis y Aldonza. En relación con el primero hemos encontrado editadas seis cartas, cinco de las cuales, escritas por Ignacio, o por comisión a Polanco, al nuevo conservador. Solamente conocemos una escrita por este, pero, en la primera carta que Ignacio le dirige, se alude a una anterior de Juan Luis que probablemente se extravió. En cuanto a Aldonza, son trece las cartas halladas, de las cuales, seis las escribe ella a Ignacio. Toda esta correspondencia cubre un tiempo que va desde agosto de 1548 hasta enero de 1553. O sea, 19 cartas en casi cinco años.

¿Por qué estas consideraciones? Simplemente porque nos dan idea de la lentitud de los procesos en ese tiempo unida a la tardanza de la correspondencia; y también porque son reflejo de las maniobras que la hermana mayor, Ana –de la cual no conocemos carta alguna– estaba urdiendo desde Roma. A modo de sumario, el núcleo del conflicto se puede resumir así: por un lado, el empeño de Ana en seguir siendo la rectora del colegio que fundara su padre; por otro, la discrepancia en la interpretación de la voluntad de su padre respecto a la Compañía, con el agravante de que Aldonza se consideraba con derecho –y probablemente lo tenía– a seguir viviendo en una parte de las casas del colegio hasta el fin de sus días; luego, la intervención del P. Rojas, que a los comienzos favoreció la concordia pero luego,

---

[21] Véase: DORMER, *ibid.*

por la minuciosidad con que analizaba los documentos pontificios relativos al caso, fácilmente podía aumentar las preocupaciones de doña Aldonza[22]. Por último, también consta que el
edificio del colegio de las Vírgenes no reunía las condiciones
necesarias para colegio de la Compañía[23].

Desde el verano de este año 1548 hasta el otoño de 1550
continuaron las gestiones sobre las casas del conservador con
diferentes vaivenes. Además, simultáneamente salió a flote la
pregunta sobre si los jesuitas abandonaban Zaragoza. Vamos a
señalar algunas pinceladas de este complejo cuadro mantenien-
do en lo posible el orden cronológico de los hechos.

¿Se va de Zaragoza la Compañía?

En los meses siguientes a la muerte del conservador Juan González de Villasímplez y en medio de las desavenencias entre
sus hijos, corrió la voz de que los jesuitas se marchaban de
Zaragoza.

El historiador Astrain, más de tres siglos después, dice
claramente: «Cuando san Ignacio vio el embrollo de pleitos
que surgían en torno de la fundación de Zaragoza, mandó a
sus hijos, por Julio de 1548, que entregasen casa y hacienda, y
se retirasen a otras ciudades donde podrían trabajar sin tantos

---

[22] Basta mencionar como ejemplo tres cartas de Rojas: la que escribe al
provincial Araoz en agosto de 1548 (MHSI, *Epp. Mixt.*, t. I, 554-557) y dos de
las que escribe a Ignacio el 11 de enero de 1549 (MHSI, *Epp. Mixt.*, t. II, 32-33)
y el 5 de marzo de 1549 (MHSI, *Epp. Mixt.*, t. II, 94-100).

[23] Es suficiente aducir dos testimonios. Uno, de Francisco de Rojas en carta a Polanco del 6 de febrero de 1552, hablándole de esa casa: «... y lo poco
que es, queda en sí sin huerta, y sin sol, harto triste y contiguo a casa de tanta
revuelta» (MHSI, *Epp. Mixt.*, t. II, 671). El otro, del mismo Polanco en su *Chronicon*, quizás apoyándose en la carta de Rojas: «*satis erat angusta ad Societatis
usum habitatio*», (MHSI, *Polanco*, t. I, 442, n. 479). Además, el hecho de que
buscasen otro domicilio ya indica que aquel no era el adecuado.

estorbos»[24], y en nota a pie de página menciona como apoyo de su afirmación a Polanco (tomo 1.º, p. 442), a Ribadeneira (lib. 2.º, cap. 15) y a Álvarez (lib. 1.º, cap. 26). Hemos acudido a los tres autores y ninguno hace mención del supuesto mandato de Ignacio.

Polanco, en el lugar que cita Astrain, se limita a decir que el P. Araoz recusó la oferta de la casa que Aldonza quería dar a la Compañía, en parte para no incomodarle a ella; también porque su hermana Ana la reclamaba para sí y, además, porque resultaba insuficiente para establecer en ella un colegio. Nada dice de que se ausentaran los jesuitas[25].

Álvarez, en el capítulo 26 citado por Astrain, se limita a decir que los padres «continuaron el ejercicio de la santa pobreza y paciencia y el de nuestros ministerios hasta el año 1550». Luego, el capítulo 50 lo titula: «Manda nuestro B. P. que los nuestros dejen el Colegio comenzado de Zaragoza», pero en el texto alude a una orden de Ignacio y a la vehemente reacción que tuvieron varios de la ciudad cuando se enteraron, y concluye: «muchas personas principales escribieron a nuestro B. P. Ignacio tuviese por bien de no sacar de Zaragoza a los Padres y el B. P. concedió con su petición».

Álvarez comete varios errores cronológicos: la supuesta orden de Ignacio la sitúa cuando Rojas volvió de Roma, es decir, en la primavera de 1551, época en que los jesuitas no se fueron de Zaragoza. Además, al supuesto mandato, añade la entrega del derecho sobre el colegio a doña Ana González de Villasímplez, cuando en realidad Ignacio hizo la donación a doña Aldonza casi dos años antes, en julio de 1549[26].

---

[24] Astrain, t. I, 440 texto y nota 1.

[25] «... noluit tamen Pater Araoz hanc ejus liberalem oblationem admittere, partim ne ipsa incommodum hoc pateretur, partim quia ejus soror, Domina Anna Gonzalez, jus sibi in eadem domo et ecclesia vindicabat, et alioqui satis erat angusta ad Societatis usum habitatio» (MHSI, Polanco, t. I, 442, n. 479).

[26] G. Álvarez, Historia de la Provincia de Aragón..., t. I, caps. 26 y 50.

En cuanto a Ribadeneira, sospechamos que Astrain tuvo un *lapsus calami*. Por una parte, atribuye a Ribadeneira una obra con el mismo título que la suya, obra que en Sommervogel no aparece. Además, la conocida obra de Ribadeneira *Vida de san Ignacio de Loyola*, en los pasajes que dedica a Zaragoza en esos años, no hace alusión alguna a que Ignacio dijera a los jesuitas que abandonasen la ciudad. Cabría una confusión de Astrain con la salida de Zaragoza que hicieron los jesuitas, por voluntad propia, en 1555, pero esta confusión es poco probable ya que el mismo Astrain expone este suceso minuciosamente[27].

En cualquier caso, la verdad es que cundió el rumor de que los jesuitas se iban de Zaragoza. Y no es de extrañar: la desavenencia entre los hermanos González de Villasímplez sobre las casas que su padre había destinado para la Compañía iba para largo; la constatación de que esas casas tampoco eran adecuadas para colegio estaba clara; las primeras resistencias por parte de conventos de religiosos para aceptar a los jesuitas en su vecindad eran firmes. Todo invitaba a desistir del intento y salir de la ciudad.

No podemos excluir que Ignacio hubiera dado la orden de abandonar Zaragoza, pero lo cierto es que, tras una minuciosa búsqueda en la correspondencia de la época, nada definitivo hemos encontrado. Sin embargo, hay varias cartas de Ignacio con frases que dan a entender, por un lado, que él no quiere entrar en litigios y, por otro, que no le preocupa mucho si

---

[27] P. RIBADENEIRA, *Vida de San Ignacio de Loyola*, Barcelona 1866. En el libro 2.°, cap. 15 (citado por Astrain), p. 187 trata de: «Cómo Ignacio y sus compañeros se ocupaban en Roma y fuera de ella en servicio de la Iglesia» y nada dice de Zaragoza. En el lib. 3.°, cap.16, 308-309, hablando de Zaragoza solamente dice: «Y como en su lugar se dirá, no les faltó materia de ejercitar también la paciencia» (p. 309). Por otra parte, en el lib. 4.°, cap. 14, pp. 388ss., trata el tema de la persecución a los jesuitas en Zaragoza y su salida voluntaria de la ciudad en 1555.

se pierde la «plaza» de Zaragoza. Estas frases pudieron dar pie para concluir, quizá precipitadamente, que Ignacio había mandado el abandono de la ciudad.

La primera alusión en este sentido que hemos encontrado por parte de Ignacio es del 27 de mayo de 1548 en una carta de Polanco –comisionado por Ignacio– dirigida al P. Araoz. La hemos citado más arriba por otro asunto. Ya ha llegado a Roma la noticia de la muerte del conservador y de las diferencias entre sus hijos hacia la Compañía, y Polanco –Ignacio– le dice al provincial: «Vuestra Reverencia contra su voluntad [del hijo del Conservador] no procederá; mas, *suspendiendo la cosa*, podrá avisar al señor duque de Gandía, y seguir en esto su parecer»[28]. Ignacio no quiere litigar y, como era de esperar, se fía de Borja.

El duque ya había escrito a Ignacio el día 4 de mayo, un mes después de la muerte del conservador, en estos términos:

«... lo de Zaragoza, que es lo que me tiene más perplejo. Porque por una parte *parece flaqueza dejar de proseguir lo tan bien comenzado* y, por otra parte, (…) estas cosas han menester la gracia del Espíritu Santo, para proveerlas o para entretenerlas, hasta que Vuestra Paternidad provea lo que en ello se debe»[29].

Borja se inclina a proseguir lo de Zaragoza, pero con dudas. Dada la fecha de esta carta, es poco probable que Ignacio la hubiera recibido cuando escribió la suya del 27 de mayo a Araoz.

En ese verano de 1548 hay otras dos cartas de Ignacio. La primera, dirigida también a Araoz, contiene esta frase no exenta de ironía: «Cuanto a la cosa de Zaragoza que, *pues el duque*

---

[28] Carta de Polanco (por comisión) a Araoz, de 27 de mayo de 1548 (MI, t. II, 122-125).

[29] Carta de Borja a Ignacio desde Gandía, el 4 de mayo de 1548 (MHSI, *Borja*, t. II, 548-549). La cursiva es nuestra.

comenzó esta cosa, conforme a su parecer se proceda»[30]. La otra, enviada por Polanco al hijo y sucesor del conservador, Juan Luis González de Villasímplez, dice así: «No siendo contentos los herederos del señor conservador, (...) [Ignacio] no se halla con más inclinación a esta fundación que si no estuviese en este mundo; porque, a Dios gracias, *no faltan lugares* donde la Compañía ponga sus estudiantes»[31]. Parece como si Ignacio tuviera presente el consejo que Jesús da a sus discípulos de marchar a otro lugar cuando se encuentra rechazo en algún sitio. El Evangelio se propone, no se impone[32].

Estos testimonios epistolares parecen indicar que a Ignacio no le importaba mucho la fundación de Zaragoza. La misma Aldonza González de Villasímplez, un par de años después y con total confianza, le dirá a Ignacio: «Y pues Vuestra Paternidad (...) *aunque no tenga inclinación a la fundación de este colegio*, la tenga a cumplir el deseo de mi padre y mío»[33]. Ignacio no quería pleitos, ni civiles ni eclesiásticos, ni tampoco forzar la voluntad de los bienhechores, pero se le adivinaba su poco interés por Zaragoza. Lo que siempre desea es la concordia.

Y esta concordia la van procurando los jesuitas que siguen en Zaragoza. Ya hemos aludido más arriba a la actuación del P. Francisco de Rojas. En el mes de agosto de 1548 escribe una larga carta al provincial Araoz. En ella le expone una primera reacción a favor de que se quede la Compañía en Zaragoza. La promueve el prior de los dominicos, fray Tomás de Esquivel, que fue uno de los que mostró gran fidelidad a los jesuitas en estos difíciles años.

---

[30] Carta de Ignacio a Araoz, mes de julio de 1548 (MI, t. II, 167-168). La cursiva es nuestra.

[31] Carta de Polanco, por comisión de Ignacio, a Juan Luis González de Villasímplez, el 4 de agosto de 1548 (MI, t. II, 179-181). La cursiva es nuestra.

[32] Sin tomarlo al pie de la letra, véase Mateo 10,14: «Y si no se os recibe ni se escuchan vuestras palabras, salid de la casa o de la ciudad aquella...».

[33] Carta de Aldonza a Ignacio, el 15 de septiembre de 1550, desde Zaragoza (MHSI, *Epp.Mixt.*, t. II, 462-463).

Así se expresa Rojas en su carta a Araoz:

«Y es que los días pasados, entendiendo nuestros devotos que estábamos en víspera de partirnos (...) el Padre Prior (...) hizo en su monasterio un ayuntamiento de muchas personas y muy principales (...) rogándoles ayudasen con favor y con sus haciendas cómo la Compañía se fundase en esta ciudad»[34].

Los convocados acordaron contribuir económicamente para la fundación del colegio en la medida que cada uno pudiese y, además, influir en los consejeros y miembros del Consejo de la ciudad para que facilitasen el establecimiento de la Compañía en Zaragoza. El resultado de sus gestiones fueron los cerca de dos mil ducados que ofrecieron a los jesuitas[35]. Esta generosa donación no surtió el efecto deseado a las inmediatas, como veremos.

En el mismo verano de 1548, escribe Borja otra carta a Ignacio en términos un tanto crípticos:

«Por una carta del P. Rojas soy informado de lo que pasa en el negocio del conservador, que esté en el cielo. Yo hablé con su hijo viniendo a Gandía después de la muerte de su padre, y le persuadí lo que me pareció convenir; y no obstante esto, soy del parecer del P. Rojas»[36].

En el año siguiente, 1549, parece que se van asentando las cosas incluso con la complacencia de Ignacio. En el mes de mayo le escribe a Aldonza González de Villasímplez con estas palabras:

«Aunque mis indisposiciones y ocupaciones me fuercen a ser breve (...) entre muchas cosas que he entendido (...) la

---

[34] Carta de Francisco de Rojas al provincial Antonio Araoz, el 25 de agosto de 1548, desde Zaragoza (MHSI, *Epp. Mixtae*, t. I, 554-557).

[35] *Ibid.*

[36] Carta de Borja a Ignacio desde Gandía, en julio o agosto de 1548 (MHSI, *Borja*, t. III, 32).

que más satisfacción me da es la *concordia* de que se me ha escrito (...) y lo que ha hecho el doctor Araoz, dando poder para hacer dicha concordia, lo apruebo y tengo por muy bien hecho»[37].

Concordia, se supone, entre los jesuitas de Zaragoza –gracias al P. Rojas– y la familia González de Villasímplez. Tan es así que, un mes después de esta carta, Ignacio escribe de nuevo a Aldonza en estos términos:

«... la dicha Compañía, y yo, Ignacio de Loyola, como prepósito general, en nombre de toda ella *hago donación*, en el mejor y más cumplido modo que puedo, de las casas y censo o usufructo dicho a la señora doña Aldonza González (...) por todos sus días (después de los cuales tornarán a la dicha Compañía)»[38].

Al mes siguiente, el provincial P. Araoz aludiendo a esta donación escribe a Polanco «... confirmando la concordia que hizo el P. Rojas y añadiendo algunos puntos que en ella no estaban expresados, donde se obligan, etc., a nunca contravenir a que la Compañía entre en estas casas», y todavía añade: «quedan aquí estos Padres con orden que se ha dado de su provisión, sin que hayan de mendigar, que aun ahora habrá media hora les han provisto de trigo para medio año o más. Quedan en la misma casa junto al colegio, y tienen las llaves de la iglesia, donde celebran»[39]. Nótese: «quedan en la misma casa junto al colegio», que probablemente sería la que habían alquilado en la Morería –según hemos dicho más arriba– en el territorio de la parroquia de San Gil, pero pueden celebrar los sacramentos en la iglesia del antiguo colegio de las Vírgenes.

---

[37] Carta de Ignacio a Aldonza, el 4 de mayo de 1549 (MI, t. II, 395-396).
[38] Carta de Ignacio a Aldonza, el 3 de julio de 1549 (MI, t. II, 459-460).
[39] Carta de Araoz a Polanco desde Zaragoza, el 28 de agosto de 1549 (MHSI, *Epp. Mixtae*, t. II, 265-271).

Lo que Ignacio sí quiere dejar claro, en una carta del año siguiente, es el respeto a la jerarquía eclesiástica, independientemente del talante de la persona. Desde siempre, Ignacio había demostrado su actitud de obediencia al papa y a los obispos como pastores de la Iglesia, incluso en situaciones muy difíciles. Por eso, escribió en 1550 al jesuita Diego Méndez, que iba a estar una temporada en Zaragoza, ordenándole seriamente que no administraran los sacramentos fuera de la iglesia que tienen asignada (la del conservador) y que solo predicaran fuera de ella cuando al arzobispo o a su vicario les pareciera bien[40]. Esto también indica que Ignacio tiene asumido que los jesuitas van a seguir estando en Zaragoza.

Por parte de otras personas de la ciudad, la primera que demostró verdadero interés por la permanencia de la Compañía en Zaragoza fue el gobernador del Canal Imperial, Mateo Sebastián de Morrano. En el mes de mayo de 1548, apenas mes y medio después del fallecimiento de Juan González de Villasímplez en Gandía, escribe una larga y esmerada carta al provincial Antonio de Araoz.

Por el texto se deduce que Araoz le había escrito a Morrano en términos de despedida –duradera o breve– de Zaragoza. Esa carta que menciona Morrano no aparece en el volumen de *Epp. Mixtae* correspondiente a 1548. Morrano le suplica al provincial que no se vayan de Zaragoza los jesuitas porque es «fuerte cosa desamparar así una ciudad, donde a lo menos tenían ya en su devoción veinte personas de las principales, y estos sin predicación ni demasiado trato, sino con sola la buena opinión de estos Padres y de la Compañía». Después de hacer una devota alusión a la Virgen del Pilar y a la incredulidad que

---

[40] Es un resumen de una carta de Ignacio al jesuita Diego Méndez, el 1 de noviembre de 1550, con el texto en italiano: «[Se envía] una patente al P. Méndez, *dove in obedienza si ordini che non administrino sacramenti in alcuna chiesia* [sic] *fora della sua, né predichino se non con piacere del arcivescovo o del uficial suo; ma nella sua chiesia potranno far questo*» (MI, t. III, 213).

encontró Santiago, añade: «puede ver Vuestra Merced cuánto hace que en esta ciudad son duros en el creer; mas por eso, cuando nuestro Señor es servido, en poca hora se hace buena labor»[41]. No es esta la única alusión a la testarudez, o mejor, tenacidad aragonesa[42].

---

[41] Carta de Morrano a Araoz, 20 de mayo de 1548 (MHSI, *Epp. Mixt.* t. I, 501).

[42] «La gente de esta tierra tiene esta particular condición, que comúnmente se mueven por lo que ven de presente, y no por lo que esperan», en: carta de Román a Polanco en abril de 1553 (MHSI, *Epp. Mixtae*, t. III, 221). Y también: «... como creo Vuestra Paternidad conoce, la gente de esta tierra de su natural es dura, cabezuda e indevota, aunque el Señor va mucho ablandando los corazones» en: carta de Alfonso Román, superior de Zaragoza, a Ignacio el 25 de febrero de 1554 (MHSI, *Epp. Mixtae*, t. IV, 76)

4

Año Santo y nuevo papa

Hemos de tomar distancia de Zaragoza para percatarnos de otros hechos importantes, relacionados con la Compañía de Jesús, que estaban ocurriendo en Europa e incluso en lugares de Oriente bien alejados de nuestra ciudad[1].

Nuevo papa y nueva *Fórmula del Instituto*

En noviembre de 1549 empeora severamente la salud de Paulo III, que falleció el día 10 del mismo mes. El cónclave para la elección del nuevo pontífice no pudo celebrarse hasta el año siguiente. Así, el 22 de febrero de 1550 inició su pontificado el nuevo papa, Julio III. Entre sus primeras preocupaciones estuvo la reanudación del Concilio de Trento, interrumpido por

---

[1]   Nadie podía imaginar que en el año 1549, al sur de la India, ocurría el primer martirio de un jesuita. El joven de 29 años Pietro Antonio Criminali, parmesano de Sissa, «atendía a los cristianos de Vedalai, donde el comandante portugués, João Fernandes Correa, había construido una empalizada contra los badagas, tropas del reino de Vijayanagar, a quienes había vencido anteriormente. Fernandes quiso impedir el acceso de los peregrinos al venerado templo hindú de Rameshwaram para exigirles un tributo. De repente, varios miles de badagas, ayudados por musulmanes, sorprendieron a los treinta o cuarenta portugueses de la guarnición y los vencieron. Pudiéndose salvar, Antonio Criminali prefirió quedarse para ayudar a embarcar a las mujeres y niños cristianos, lo que le costó la vida, alanceado y decapitado por los badagas o, según otros, por un musulmán» (*Diccionario Histórico de la Compañía de Jesús*, t. II, 1000).

diversas causas varios años antes. En él participaron los jesuitas teólogos Diego Laínez y Alfonso Salmerón, ambos españoles y compañeros de Ignacio desde los tiempos de París.

En el mes de julio del mismo año, el nuevo papa emite la
bula *Exposcit debitum* mediante la cual confirma de modo más
amplio la Compañía. En esta bula de Julio III, se incluye la
Fórmula del Instituto aprobada por Paulo III, pero con interesantes modificaciones[2].

En lo que se refiere al tema de los colegios, esta bula lo
desarrolla con mayor detalle:

> «Sin embargo, puesto que las Casas que el Señor nos diere se
> habrán de destinar a trabajar en su viña, y no a tener estudios
> escolásticos, y como, por otra parte parece ser muy conve-
> niente que algunos de entre los jóvenes inclinados a la pie-
> dad y aptos para el estudio se formen [como] obreros para la
> misma viña del Señor, que sean como seminario de nuestra
> Compañía, incluso de la Profesa, *pueda la Compañía Profesa
> tener Colegios de escolares, para comodidad de los estudios,
> dondequiera que algunas personas se decidieran por su devo-
> ción a construirlos y dotarlos*»[3].

Además, llaman la atención las repetidas alusiones a las
Constituciones que se hacen en esta bula, lo cual se debe a que
ya estaba cerca su redacción definitiva, casi concluida en febrero
de 1551.

---

[2]   Véase bula *Exposcit debitum*, de 21 de julio de 1550, del papa Julio III.
En: *Bullarum... taurinensis editio* (1860), t. VI, 422-427. Versión castellana en:
Constituciones de la Compañía de Jesús y Normas complementarias (1995),
Roma, 27-39.

[3]   Bula *Exposcit debitum*, de 21 de julio de 1550, del papa Julio III. Versión castellana en: *Constituciones de la Compañía de Jesús y Normas complementarias* (1995), Roma, 35-36. La cursiva es nuestra.

Año Santo y peregrinación a Roma

Por otra parte, el hecho de que 1550 fuese declarado Año Santo en la Iglesia universal, puso en marcha numerosas peregrinaciones a Roma para ganar el jubileo. Uno de los peregrinos con este fin fue Francisco de Borja, todavía duque de Gandía y jesuita en secreto. Esto le dio la ocasión de viajar a Roma y conocer personalmente a Ignacio: nunca se había encontrado con él.

Dada esta circunstancia, Ignacio, como buen gobernante y estratega sugirió que «aprovechando el viaje del duque, fuesen acompañándole hasta Roma los principales sujetos que pudiesen desembarazarse de otros negocios»[4].

El duque llevaba consigo 19 criados –número muy modesto para la época dado el rango de Borja– y le acompañaron 9 jesuitas: Antonio Araoz, provincial; Francisco Estrada; Andrés de Oviedo; Diego Mirón; Pedro Tablares; Manuel de Sa, todavía no sacerdote; el Hno. Julián de Verástegui; y los dos que estaban en Zaragoza: Francisco de Rojas y Hércules Bucceri[5].

El duque con su séquito salió de Gandía el 31 de agosto de 1550 y llegó a Roma el 23 de octubre. Pocos días después, lo recibió el papa Julio III. Borja permaneció en Roma algo más de tres meses «y fue el único tiempo de su vida que pudo tratar de palabra con san Ignacio».

Además, «juzgó san Ignacio que ya era tiempo de dar el estampido, renunciando Francisco a sus estados y haciendo pública su profesión religiosa»[6]. De modo que, a partir de su estancia en Roma, deja de ser secreta la identidad de Borja como miembro de la Compañía de Jesús.

Antes de regresar a España, Borja escribe en el mes de enero al e emperador Carlos V –a la sazón en Augsburgo– para

---

[4] ASTRAIN, *Historia de la Compañía de Jesús en la Asistencia de España*, t. I, 291.
[5] *Ibid.*
[6] *Ibid*, 294.

comunicarle su propósito de entrar en la Compañía renunciando a sus estados y títulos[7]. El emperador le respondió favorablemente en el mes de marzo, pero esta carta, al parecer, no le
llegó a Borja hasta el mes de mayo cuando ya se encontraba en
España[8].

Pero volvamos a Roma. El viaje de regreso a España lo
inicia Borja «el día 4 de febrero de 1551, ya entrada la noche, acompañado de D. Juan, su hijo, y de los Padres que había
traído a Roma (excepto el P. Oviedo y Hércules Bucceri, que
quedaron allí)»[9]. La salida nocturna tenía mucho de huida, para
evitar que Julio III llevase adelante su propósito de hacerlo cardenal, cosa que se sabía en Roma. También por eso, Borja «iría
a esconderse en Guipúzcoa donde no era conocido»[10]. En el
camino hacia Guipúzcoa, Zaragoza era paso obligado[11]. Finalmente, Borja llegó a Loyola el 5 de abril y fijó su residencia en
Oñate.

La renuncia a sus estados y al ducado la firmó Francisco de
Borja el 11 de mayo de 1551 «ante el notario Pedro López de La-
zarraga y varios testigos» y la ordenación sacerdotal tuvo lugar

---

[7]   Carta de Borja a Carlos V, el 15 de enero de 1551, desde Roma (MHSI,
Borgia, t. III, 62).

[8]   Así lo afirma DALMASES, *op. cit.*, 92. La respuesta de Carlos V a Borja
desde Augsburgo, fechada el 10 de marzo de 1551, se encuentra en: MHSI,
Borgia, t. III, 78.

[9]   ASTRAIN, 295.

[10]   *Ibid.*

[11]   Es interesante el modo como Diego de Espés reseña el paso de Borja
por Zaragoza al regresar de Roma: «Los postreros de marzo [de 1551] pasó
don Francisco de Borja, duque de Gandía, que volvía de Roma por Aragón.
Y aunque estaba en Zaragoza nuestro arzobispo, su tío, y su hermana doña
Luisa de Borja, condesa de Ribagorza, se fue por tierra de Huesca a Vergara,
lugar en Vizcaya, en el cual decían había una casa de los frailes padres de la
Compañía de Jesús, y que él allí, en Vizcaya, se quería ordenar de sacerdote
y después andar predicando» (ESPÉS, *Historia eclesiástica de la ciudad de
Zaragoza*, 777).

el 23 de mayo[12]. A partir de ese momento, ya es el *P. Francisco de Borja, SJ.*

En conjunto, la peregrinación con motivo del Año Santo supuso siete meses de ausencia de España –desde el 31 de agosto de 1550 hasta comienzos de abril de 1551– tanto de Borja como de sus acompañantes jesuitas, incluido el provincial de España, Araoz. Esta ausencia ralentizó todavía más las gestiones relacionadas con el «embrionario» colegio de la Compañía en Zaragoza.

Nuevo jesuita para Zaragoza: Alfonso Román

También en estos años, el P. Alfonso Román fue nombrado superior de los jesuitas de Zaragoza, adonde llegó en 1550. Román era un sacerdote toledano de 30 años de edad, natural de Illescas. Había ejercido la abogacía, pues era bachiller en cánones. Ingresó en la Compañía de Jesús en Gandía el año 1549 y al año siguiente vino a Zaragoza donde permaneció el resto de su vida.

Según Álvarez, Román llegó a la capital aragonesa poco antes de que Francisco de Rojas y Hércules Bucceri partiesen para Roma con el grupo de jesuitas que acompañaban al duque de Gandía para ganar el jubileo, por tanto, Román llegaría antes de finales de agosto de 1550. Dada la ausencia de los otros dos compañeros que estaban camino de Roma, le tocó estar solo un tiempo en Zaragoza, al menos hasta que el jesuita Diego Méndez llegase para cubrir la ausencia de Rojas. En la primavera del año siguiente, 1551, Rojas regresaría a Zaragoza, pero Hércules se quedaría en Roma.

En los primeros años de Román en Zaragoza hubo momentos de respiro. En abril de 1552, el P. Rojas escribió a Ignacio en estos términos:

---

[12] DALMASES, *op. cit.*, 92. La respuesta de Carlos V a Borja desde Augsburgo, fechada el 10 de marzo de 1551, se encuentra en: MHSI, *Borgia*, t. III, 78.

«Las cosas de acá, bendito sea el Señor, me parece van bien, porque el señor arzobispo está ya más molificado; los inquisidores muestran tener muy buena opinión; concurre mucha gente a confesarse a nuestra iglesia, especialmente los domingos»[13].

Y el mismo Polanco en su *Chronicon*, cuando recoge temas de esa carta, llega a decir con asombro que el arzobispo hizo lo que nunca había hecho: incluir a los jesuitas en la lista pública de confesores[14].

No obstante, la nota dominante no era esta.

---

[13] Carta de Rojas a Ignacio, 12 de abril de 1552 (MHSI, *Epp. Mixt.*, t. II, 702-705).

[14] «*Archiepiscopus Caesaraugustanus, quod numquam annis praeteritis facere voluerat, hoc fecit, ut, scilicet, nostros eligeret ac in catalogo publico confessariorum numeraret*». POLANCO, *Chron.*, t. II, 673, n. 575.

5

Vaivenes y gestiones

«Que se queden en Zaragoza»

Las súplicas para que los de la Compañía se quedaran en Zaragoza fueron también expresadas por otras voces y duraron por lo menos hasta 1553. Y es lógico, porque durante ese tiempo continuaron las dificultades serias para encontrar casa adecuada, lo cual ponía en tela de juicio la permanencia de los jesuitas en nuestra ciudad.

La postura de Ignacio la hemos definido con claridad. La donación que Ignacio hizo a Aldonza y que figura en la carta de 3 de julio de 1549, expuesta más arriba, fue acogida sin duda con admiración y gratitud. Sin embargo, un año largo más tarde Aldonza escribe a Ignacio revirtiendo la donación de las casas a la Compañía[1], a lo que Ignacio responde recusando la oferta[2].

Por otro lado, la hermana mayor, Ana, sigue moviéndose desde Roma, cosa que su hermano Juan Luis, muy molesto, le expresa a Ignacio a través de Polanco[3]. Por último, en febrero de 1552, tenemos una carta de Rojas dirigida también

---

[1] Carta de Aldonza a Ignacio, 26 de septiembre de 1550 (MHSI, *Epp. Mixt.*, t. II, 464-466).

[2] Carta de Ignacio a Aldonza, el 1 de noviembre de 1550 (MI, t. III, 214-215).

[3] Carta de Juan Luis González de Villasímplez a Polanco, 13 de septiembre de 1551 (MHSI, *Epp. Mixt.*, t. II, 584-585).

a Polanco desde Zaragoza, en la que, respecto a las casas del conservador, dice:

«El conservador ha vendido sus casas principales al marqués de Camarasa, [Diego Sarmiento de los Cobos y Luna, marqués III de Camarasa] y queda la pequeña. Pareció que está señalada para el colegio casi dentro de las casas dichas, y de tal manera acorralada, que por ninguna parte se pueden extender, y lo poco que es, queda en sí sin huerta, y sin sol, harto triste y contiguo a casa de tanta revuelta»[4].

Por lo que hemos consultado, esto no marcó el final de este enrevesado tema que daría materia para un estudio monográfico. Quedémonos con que hasta el mes de agosto de 1549 y seguramente varios años más, los PP. Rojas y Hércules –con el P. Alfonso Román desde 1550– vivirían en aquella casita que habían alquilado al comienzo de su llegada, próxima al antiguo colegio de las Vírgenes, y seguirían ejerciendo en su iglesia el ministerio sacerdotal. Además, ya hemos visto que el edificio del antiguo conservador no reunía las condiciones para colegio de la Compañía. O sea: los jesuitas que están entonces en Zaragoza han de seguir buscando casa.

Del año 1553 tenemos unas cartas de especial relevancia.

En el mes de abril, Borja escribe a Ignacio desde Burgos. Para situar el párrafo que sigue hay que advertir que Borja había estado con Francisco de Rojas en Calahorra y que, además, se había entrevistado con su hermana Luisa Borja, condesa de Ribagorza, que acudió desde Pedrola. Quizás es la única vez que Borja se dirige a Ignacio sobre el tema de Zaragoza con tan encarecida petición:

«Y porque hablamos de Zaragoza, y entiendo que se habla de sacar de allí la Compañía, *humildemente suplico, per viscera*

---

[4]   Carta de Rojas a Polanco, 6 de febrero de 1552 (MHSI, *Epp. Mixt.*, t. II, 671).

misericordiae Dei nostri, no se trate de tal cosa. Hasta ahora
he callado, por no haber sentido nada pro utraque parte [en ambos sentidos]; mas ahora hablando con la condesa [su hermana,
condesa de Ribagorza] que vino allí a dos leguas de Calahorra,
por tener su estado a 7 leguas, entiendo de ella el gran fruto que
se hace, y cómo todo está ganado, el arzobispo más favorable.
(...) Creen, si yo fuese allá, se sacaría limosna del arzobispo y
de otros muchos. Aparte de esto, la murmuración de por qué
salen etc., después costaría harto el volver a lo que ahora está
ganado. *El lugar es importantísimo y paso para Italia etc.*; por
lo cual vuelvo a suplicar a V. P. se difiera la sentencia en caso
que esté determinada, hasta que veamos en qué para todo, y nos
desengañemos de ello: que si otra cosa fuere, también la diré,
para que sobre ella V. P. determine lo que será mayor gloria del
Señor»[5].

De esta carta de Borja a Ignacio se hace eco Polanco. En la
parte dedicada al año 1553 en su *Chronicon* afirma que «algunos
sugerían que el colegio debía sacarse de Zaragoza», sin aludir
a nadie en concreto. Además, menciona la encarecida súplica a
Ignacio por parte de Borja para que no se hiciese tal cosa[6].

Por parte de Ignacio, conocemos la carta que el comisionado Polanco escribió al P. Araoz en agosto de 1553: «… y cuanto a Zaragoza, si los nuestros han de quedar, menester sería otro
recado del que hay al presente. Parece que la Sra. Condesa de
Ribagorza habla harto largo; pero allá se verá más de cerca lo
que se ha de creer, y consiguientemente de hacer»[7].

---

[5] Carta de Borja a Ignacio, 29 de abril de 1553 (MHSI, *Borja*, t. III, 139-
140). La cursiva es nuestra.

[6] «*Et quia suggerebatur a quibusdam collegium e civitate Caesaraugusta
educendum esse quod nec domum nec dotationem idoneam haberet, supplicavit
idem P. Franciscus P. Ignatio per viscera misericordiae Dei nostri ne ea de re
ageretur*» (MHSI, *Polanco*, t. III, 348, n. 769).

[7] Carta de Ignacio, por comisión de Polanco, al provincial Araoz, el 14 de
agosto de 1553 (MI, t. V, 333).

Queda claro que, por un lado, sigue en tela de juicio la permanencia de la Compañía en Zaragoza y, por otro, que los más interesados en continuar en la ciudad son los jesuitas que están en ella, con Román a la cabeza desde 1550, y apoyados por Borja.

Tampoco es de extrañar que, dada la tardanza del correo, en Roma creyesen que efectivamente los jesuitas se habían marchado. Este mismo año 1553, en el mes de septiembre escribe Polanco a Juan Luis González de Villasímplez, hijo y sucesor del difunto conservador, en estos términos: «Los que se salieron por orden de Nuestro Padre de Zaragoza, placiendo a Dios, tornarán algún día y con no menos fruto, o por ellos otros; y así de esto no diré más hasta su tiempo»[8]. Resulta impreciso lo dicho en estas frases, pero lo cierto es que los jesuitas no llegaron a marcharse de la ciudad.

El mismo Polanco escribe en su *Chronicon* que solo estaban tres o cuatro jesuitas en Zaragoza. Continuaba el litigio en Roma, entre Ana González de Villasímplez y hermanos contra su hermana Aldonza, sobre la casa e iglesia que su padre destinó a la Compañía. Dada esta situación, no parecía oportuno aumentar el número de jesuitas; incluso se planteó que se fueran los que allí estaban. Sin embargo, gracias a la súplica de Borja a Ignacio, que le había encargado el asunto, eso no se llevó a cabo[9].

Otro importante testimonio de 1553 es el del protonotario de Aragón, Miguel Clemente. Escribe desde Zaragoza al

---

[8]   Carta de Polanco a Juan Luis González, el 23 de septiembre de 1553 (MI, t. V, 512).

[9]   «*Caesaraugustae tres vel quatuor ex nostris dumtaxat versabantur. Cum enim sub judice lis esset Romae inter D. Annam Gonzalez et ipsius fratres et Dominam Aldunziam, sororem, circa templum et domum nostrae Societati ab ipsorum patre auctoritate apostolica applicatam, non videbatur expedire ut nostrorum numerus admodum augeretur, immo de paucis illis removendis, ut superius diximus, agebatur; quamvis supplicante P. Francisco et P. Ignatio rem ipsi committente, de recessu non est amplius actum*» (MHSI, *Polanco*, t. III, 387).

cardenal Juan Poggio, que había sido nuncio ante la corte de Carlos V hasta dos años antes:

«Rmo. e Ilmo señor. Decir a vuestra Señoría Reverendísima por carta el provecho que en las ánimas de esta ciudad dos Padres de la Compañía de Jesús han hecho, y en tan poco tiempo como hace que están aquí, sería nunca acabar. (…) Están tan acreditados, que, entendiendo algunos de sus devotos, que por no tener asiento de casa en este lugar quizá se irían de él, han prometido harto buena suma para la fundación de ella, y han procurado con los jurados de esta ciudad les ayuden y favorezcan. (…) Así que, para remediar esto, y para que con más calor se llegue este negocio al cabo, *es necesario que S. A. mande escribir al virrey, gobernador, arzobispo y jurados*, diciéndoles en cartas particulares (…) que les ayuden y favorezcan para que aquí tengan el asiento de casa que conviene»[10].

Además de testimoniar el buen hacer de los jesuitas presentes en Zaragoza, el protonotario encarece al cardenal que escriba cartas a las autoridades zaragozanas para que favorezcan a la Compañía.

También aducimos como testimonio la carta que, en el mismo mes de agosto de 1553, el gobernador Francisco de Gurrea dirige a Felipe II. Es una carta extensa en la cual pondera la buena labor apostólica de los jesuitas Rojas y Hércules y hace alusión al litigio suscitado entre los hijos del conservador con su repercusión en la vivienda de los jesuitas. Menciona la *sospecha de la posible salida* de Zaragoza de los jesuitas y la reacción de varios ciudadanos principales. Además, añade la oposición de algunos frailes. Presentamos estos párrafos:

«Francisco de Rojas y otro su compañero de la Compañía de Jesús ha muchos años que están en Zaragoza, donde de su

---

[10] Carta del protonotario Miguel Clemente al cardenal Juan Poggio, 29 de agosto de 1553 (MHSI, *Epp. Mixtae*, t. III, 448-449). La cursiva es nuestra.

vida y doctrina han dado muy grande ejemplo, y con ella han traído al servicio de Dios mucha gente. (...) Y porque después ha sucedido que una hermana del conservador [Ana González de Villasímplez] ha movido pleito en Roma a su hermano sobre esta casa y Iglesia, diciendo que ha de ser para casa suya y de monjas, están determinados de dejarla, a que las partes lo litiguen, y no han querido salir al pleito».

«Han sospechado muchos de esta ciudad, que su mayor de ellos los mudaría de aquí a otra parte: de lo cual movida mucha gente principal y devota, hablaron con los jurados de Zaragoza para que con limosna y con otros medios procurasen que se hiciese casa e iglesia (...). Y porque los frailes del Carmen y algunas otras religiones pretenden que no pueden edificar sino a trescientas canas lejos de sus monasterios, ha habido alguna dilación hasta ahora en comenzar a edificar».

«Hame parecido por el bien de esta república, y porque Vuestra Alteza gane con Dios en esto mucho mérito, hacerle saber lo que pasa en esto, y juntamente con ello suplicarle haga merced a todos los que esto desean, de escribir cartas a los jurados, y al arzobispo de Zaragoza, y al lugarteniente general, para que favorezcan este buen intento de los que desean que se edifique casa y convento a estos religiosos y a los de su Compañía, y que les encargue V. A., principalmente al arzobispo y a los jurados, busquen asiento cómodo donde estos puedan tener casa y huerta»[11].

La pregunta obvia que se nos plantea es ¿qué efecto produjeron estas cartas? Al parecer, muy poco. Estamos ya en el año 1553 y los de la Compañía siguen buscando casa con el generoso apoyo económico de unos cuantos, pero con la fuerte oposición de algunos frailes.

---

[11]   Carta del gobernador Francisco de Gurrea a Felipe II, 30 de agosto de 1553 (MHSI, *Epp. Mixt.*, t. III, 450-453).

Privilegios de los conventuales y hostilidad de fondo

Quizá fue Rojas el primero en vaticinar que el asentamiento del domicilio de la Compañía en Zaragoza iba a resultar problemático. En su carta de agosto de 1548 al provincial Araoz, que ya hemos considerado, decía también:

> «Se miró uno [lugar] harto cómodo, donde había patio para casa e iglesia con una huerta muy buena, y casa suficiente edificada, para entretenernos por el presente. Pero como las cosas de Dios siempre tengan contradicción, los frailes del Carmen se han opuesto con tanta eficacia, que, no solamente lo han impedido *por razón de la medida de sus privilegios*, pero aun han alborotado la mitad de la ciudad, de tal manera, que han resucitado muchas contradicciones e inventado otras de nuevo; y finalmente han abierto puerta para que las otras religiones hagan otro tanto, y aun las parroquias; de suerte que temo no se halle en Zaragoza sitio conveniente sin mucha contradicción y pleito».

El mismo Rojas continúa diciendo:

> «porque el Provincial [de los carmelitas] me ha mostrado hoy un privilegio del Papa Bonifacio V, que manda so pena de grandes censuras que ningunas personas religiosas ni eclesiásticas puedan edificar monasterio ni basílica alguna en el espacio de *ciento y cuarenta canas*, desde su casa medidas por el aire»[12].

No deja de ser curioso que en pleno siglo XVI los carmelitas aleguen un privilegio del siglo VII, pues Bonifacio V fue papa del año 619 al 625.

Esa alusión a «sus privilegios» se convertirá en un escollo difícil de sortear.

---

[12] Carta de Rojas al provincial Araoz, 25 de agosto de 1548 (MHSI, *Epp. Mixt.*, t. I, 554-557). La cursiva es nuestra.

Hemos de situarnos en la Zaragoza de la época. La Compañía se iba dando a conocer poco a poco, a través de las personas que frecuentaban los sacramentos en la iglesia donde podían celebrarlos. Para la mayoría de los zaragozanos, la Compañía era la gran desconocida y, en el mejor de los casos, mirada con sospecha y recelo. Llamaba la atención la juventud de los jesuitas. Su modo de proceder era diferente del resto del clero diocesano y en nada se parecía a las demás órdenes religiosas conocidas desde antaño: carmelitas, franciscanos, dominicos, agustinos... El pueblo tenía asumido que *desde siempre* los frailes vivían de la limosna que recogían en una determinada demarcación de la ciudad, en torno a su convento. Por consiguiente, la aparición de unos nuevos religiosos, que no dependían directamente del obispo, era mirada –sobre todo por los conventuales– como una seria amenaza para su recaudación habitual.

Esta reacción defensiva se debía al «privilegio de las canas», siendo la *cana* una unidad de longitud de uso común en la ciudad[13]. El asunto era muy importante porque los frailes de las órdenes mendicantes –carmelitas, franciscanos, dominicos y agustinos– se sabían respaldados por las bulas pontificias que les delimitaban un territorio alrededor de su convento para ejercer la mendicidad[14].

---

[13] La *cana* (del latín «*canna*», caña) según el *Diccionario* de la RAE: «En Cataluña y otras partes, medida equivalente a dos varas aproximadamente»; «vara»: «Medida de longitud que se usaba en distintas regiones de España con valores diferentes, que oscilaban entre 768 y 912 mm». Según la *Gran Enciclopedia Aragonesa*, t. III, 605, la cana en Zaragoza equivalía a 1,54 m. Dado que el DRAE dice que la cana equivalente a dos varas, el valor de 1,54 m es coherente con el doble del valor menor asignado a la vara.

[14] Como observa Borrás, *op. cit.*, 138: «Para asegurar esta fuente, la Curia romana les había concedido, entre otros, el privilegio de las "canas" por el que se prohibía la edificación de otra casa religiosa dentro de un determinado espacio, por lo común de 300 canas, alrededor de su convento. Los conventos de Zaragoza disfrutaban de este privilegio». No es fácil hallar el documento pontificio que sustentaba este privilegio. Ha sido Astrain, *op. cit.*, t. I, 446,

No resulta fácil hallar el documento pontificio que sustentaba este privilegio. Ha sido el historiador jesuita Antonio Astrain quien, en una nota a pie de página, nos da la pista: «El privilegio de las canas fue concedido por primera vez por Clemente IV en 1265»[15]. Esto nos ha permitido llegar a la bula *Ad consequendam gloriam* de dicho papa, datada en Perusa el año 1265. Esta bula va dirigida a los franciscanos conventuales, fundados por san Francisco de Asís en 1209. En ella se prohíbe que otros frailes mendicantes o cualesquiera monjas edifiquen iglesia u oratorio dentro del espacio de trescientas canas de ocho palmos «medidas por el aire»[16]. Según las medidas de hoy, esto equivaldría a un radio de prohibición de edificar de unos 460 metros, es decir, casi la longitud del zaragozano paseo de la Independencia. Esto era perfectamente conocido en la sociedad zaragozana por todos los frailes y por el pueblo en general.

Por parte de la Compañía, los jesuitas que llegaban a un nuevo lugar estaban persuadidos, no sin razón, de que las bulas pontificias de Paulo III, de 1540 y 1545, reforzadas a partir de 1550 por la de Julio III, les concedían sobrado derecho para ejercer el ministerio sacerdotal sin limitaciones de espacio. Persona tan autorizada como el arzobispo de Valencia, Tomás de Villanueva, defendió a los jesuitas en 1552 frente a

---

nota 1, quien afirma: «El privilegio de las canas fue concedido por primera vez por Clemente IV en 1265». Esto nos ha permitido llegar a la bula *Ad consequendam gloriam*, 138; A. BORRÁS, SJ, *Fundación del Colegio de la Compañía de Jesús...*, 138. En este autor y en otros, no hemos encontrado datos sobre el documento pontificio que sustentaba este privilegio.

[15] ASTRAIN, *op. cit.*, t. I, 446, nota 1.

[16] El proemio de la bula dice así: «*Quod prope Ecclesias fratrum Minorum conventualium ordinis Sancti Francisci non possit novum monasterium construi vel acquiri ab ordinibus in paupertate fundatis, vel cuiuscumque ordinis monialibus...*». En el párrafo 1, añade: «*... infra spatium trecentum cannarum a vestris ecclesiis mensurandarum per aerem...*» y en el párrafo 3: «*Et quamlibet cannarum ipsarum octo palmorum longitudinem continere*», *Bullarum... taurinensis editio*, t. III, (1858), 759-760.

los agustinos, que esgrimían el argumento de las canas[17]. Por si fuera poco, el mismo Paulo III en 1545 había concretado en detalle las facultades de predicar, confesar, celebrar misa y distribuir la comunión «en cualesquiera iglesias, lugares y plazas comunes o públicas y cualesquiera otros lugares»[18]. Y estas bulas las llevaban consigo los jesuitas que iban en misión a una nueva ciudad.

Damos por seguro que los que primero llegaron a Zaragoza, con intención de establecer un lugar para la Compañía, enseñaron las bulas al arzobispo y a su vicario, y también a quienes se las exigiesen. Por la razón que fuere –sin negar la posible ambición de poder– las autoridades eclesiásticas de la ciudad hicieron caso omiso de los documentos pontificios, como también lo habían hecho con las cartas que Borja envió en el otoño de 1546 a las autoridades civiles y al arzobispo. En ocasiones, incluso algunos protestaron porque la copia que les mostraban era en papel y no en pergamino[19], y también otros llegaron a decir que las bulas habían sido amañadas en Roma[20].

---

[17] Véase Astrain, *op. cit.*, t. I., 446, nota 1.

[18] «*In quibusvis ecclesiis, et locis ac plateis communibus seu publicis, et alias ubique locorum...*». Bula *Cum inter cunctas* (3 de junio de 1545), en: *Institutum Societatis Iesu. Bullarium et compendium privilegiorum*, 8.

[19] Por lo menos hay dos testimonios de este hecho que hoy nos parece trivial. En agosto de 1554, Rojas le escribe a Araoz en estos términos: «será menester nos envíe V. P. las bulas de la Compañía, porque estamos sin armas, porque a estas de papel, aunque son auténticas, tiénenles respeto como a hombre mal vestido» (MHSI, *Epp. Mixtae*, t. V, 794); y todavía en 1555 encontremos este testimonio carta del P. Alfonso Román a Polanco: «Hay esto también, que, como esta gente es de terrible condición, y aquellas bulas están en papel, dicen de ellas que son papelones y otros desacatos. (...) Convendría, a lo que nos parece, que se copiasen ahí unas bulas en pergamino, y que viniesen con sello conocido». (Román a Polanco, 1 de noviembre de 1555. MHSI, *Epp. Mixtae*, t. V, 60-66).

[20] «Hay algunos religiosos que con pasión no poca y atrevimiento han puesto, y alguno de ellos no una vez sola, sin los que no sabemos, lengua en la aprobación de los sumos pontífices hecha de la Compañía, diciendo que fue hecha por engaño, cautelas y astucia humana, y con hipocresía y demostración

Este era a grandes rasgos el escenario en el que se estaba desarrollando poco a poco la implantación del nuevo colegio de la
Compañía. Sería muy simplista reducir esta situación a una contienda entre «buenos y malos», siendo los buenos los jesuitas. Es
muy comprensible que los religiosos conventuales y el pueblo
defendieran sus derechos; no podemos exigirles que valorasen
adecuadamente el significado de las bulas pontificias. Otra cosa
será cuando, más adelante, la animadversión contra la Compañía se convierta en persecución declarada, en la cual jugarán
otros intereses no precisamente legales.

Iniciativas de defensa

Por parte de la Compañía, desde sus comienzos en Zaragoza,
hubo una doble postura defensiva ante esta situación. Por un
lado, el tema de conseguir la *derogación del privilegio de las
canas*. Esto aparece en varias cartas más bien tardías, quizá nacidas del cansancio de años de controversia. Escogemos unos
ejemplos.

Rojas escribe a Ignacio en estos términos:

«sería bien que la Compañía, pues tiene privilegio para edificar ubi libet, [donde guste] así mismo tuviese para este efecto
derogación de cualesquier privilegios concedidos a las otras
religiones, o a lo menos moderación de las canas que tienen»[21].

En septiembre del mismo año 1553, Alfonso Román, superior de Zaragoza, escribe a Polanco mostrando la situación
conflictiva que están viviendo con otras órdenes religiosas y

---

exterior de bien, que en lo interior no había». Carta de Alfonso Román a Polanco, 17 de septiembre de 1553 (MHSI, *Epp. Mixtae*, t. III, 482).

[21] Carta de Rojas a Ignacio, 10 de agosto de 1553 (MHSI, *Epp. Mixtae*,
t. III, 427-429). Nótese la alusión velada que hace («*ubi libet*») a la bula *Cum
inter cunctas* de Paulo III en 1545.

manifiesta que «si no tenemos clara derogación de las canas de los mendicantes (...) está claro tendremos contradicción y pleitos (...). En nuestro privilegio no está clara esta concesión...»[22]. En realidad, sí que estaba clara, pues los colegios de la Compañía no tenían régimen mendicante, como diría Ignacio en una carta posterior[23].

Dos años justos después, Román vuelve a escribir a Ignacio. Las cosas en Zaragoza han mejorado mucho, pero todavía «los frailes agustinos se están en su pretensión como antes, y alborotan grandemente la ciudad contra nosotros»[24].

A esta carta de Román contestó Ignacio por comisión de Polanco en noviembre. Sin entrar ahora en otros detalles, le dice claramente:

«Hablamos también al general de ellos [agustinos] y le mostramos nuestras bulas, además de decir que los colegios no son excluidos por sus privilegios, sino monasterios mendicantes». Y más adelante, añade Polanco: «Tratar de aclarar más aquel nuestro privilegio, derogando expresamente sus canas, no sería necesario, a lo que parece; y tampoco Nuestro Padre quiere que se pidan ahora cosas semejantes, por buenos respetos»[25].

A nadie se le oculta que esta reiterada petición de un documento pontificio que derogue otro dirigido a órdenes

---

[22] Carta de Román a Polanco, 17 de septiembre de 1553 (MHSI, *Epp. Mixtae*, t. III, 481-484).

[23] Carta de Ignacio a Alejo Fontana, el 29 de octubre de 1555. Refiriéndose a las penas impuestas por el juez de los conventuales y por el arzobispo a los jesuitas y a sus fieles, dice: «todas de facto y ninguna de iure, porque nosotros tenemos privilegio en nuestras bulas para edificar y aceptar casas y iglesias, no obstante cualesquiera privilegios concedidos a los frailes mendicantes y a otros» (MI, t. X, 63-65).

[24] Carta de Román a Ignacio, 17 de septiembre de 1555 (MHSI, *Epp. Mixtae*, t. IV, 854).

[25] Carta de Ignacio, por comisión de Polanco, a Román, 27 de noviembre de 1555 (MI, t. X, 217).

mendicantes mucho más antiguas que la Compañía podría ser interpretada como un gesto de superioridad y altanería a los ojos de muchos. Otra cosa sería solicitar una bula similar a la que Sixto IV concediera a los dominicos siglos antes. Esta fue la otra iniciativa por parte de la Compañía para conseguir el respeto a sus derechos: solicitar al papa un *mare magnum*.

Con este nombre se conocía una bula de Sixto IV –papa de 1471 a 1484– con la que concedía a los dominicos tan amplísimos privilegios que le mereció el sobrenombre de *mare magnum*[26]. Esta bula ampliaba los privilegios ya concedidos por tres papas anteriores: Eugenio IV (1431-1447), Martín V (1417-1431) y Gregorio XI (1371-1378)[27]. *Lo que resulta interesante para nuestro caso es que ni en la bula de Sixto IV ni en la de Gregorio XI se encuentra alusión alguna a la delimitación territorial de las canas.* Por tanto, solicitar al papa un *mare magnum* para la Compañía, *no significaba* pedir la derogación del privilegio de las canas de los frailes mendicantes.

Resulta llamativa la intuición y sagacidad de Ignacio respecto a este asunto. Años antes, en 1547, cuando se estaba estrenando la presencia de la Compañía en Zaragoza, Ignacio escribe mediante Polanco una carta al jesuita Andrés de Oviedo, que estaba en Gandía junto a Borja. En ella le presenta varias peticiones para Borja a fin de que las haga llegar al deán de Gandía, Juan Francisco de la Roca, que estaba en Roma atendiendo los asuntos del duque. Entre otras, le plantea Ignacio la siguiente:

---

[26] El encabezamiento de la bula dice así: «*Amplissimae gratiae et privilegia fratrum Praedicatorum Ordinis S. Dominici, quae propterea* mare magnum *nuncupantur*». Su texto ocupa poco más de una página, pues remite a párrafos de los anteriores papas: Eugenio IV, Martín V y Gregorio XI, siendo este el del texto más antiguo. La de Sixto IV está datada en Roma en 1474, sin indicación de mes ni día. (*Bullarum Romanum... taurinensis editio*, t. V, 224).

[27] La bula de Gregorio XI, *Virtute conspicuos*, está datada en Aviñón el 1 de marzo de 1374. Ocupa casi 7 páginas. (*Bullarum Romanum... taurinensis editio*, t. IV, 567-573).

«La 3.ª cosa que parece sería expediente para la Compañía, es la impetración de un *mare magnum*, cual parece tienen otras religiones, en el cual se incluye muchas cosas, que sería menester pedirlas de parte, para mayor servicio de los prójimos, si así juntas no se hubiesen»[28].

Por su parte, Borja, desde Gandía, le escribió a Ignacio al mes siguiente. Le comunica los encargos que le encomienda a uno de sus hombres de confianza, Diego Sánchez, para Roma. Entre otros asuntos, le dice lo siguiente:

«Otras cosas he puesto también por memoria a Diego Sánchez, como es sobre los ejercicios y el *mare magnum*, etc., a los cuales me remito: Vuestra Paternidad lo guíe como más le pareciere convenir en el servicio de Nuestro Señor»[29].

Es probable que en esta fecha Borja, que acababa de regresar de las Cortes de Monzón, no conociera todavía la carta anterior dirigida a Andrés de Oviedo. De ser así, esto indicaría una gran sintonía entre el sentir de Borja y el de Ignacio respecto a las gestiones importantes para la Compañía.

Y esto lo confirma Polanco en su *Chronicon* cuando dice que el duque, antes de recibir la carta de Ignacio, también escribió al papa y le suplicó que concediera a la Compañía las facultades que los religiosos llaman *mare magnum*. Además, añade que se iniciaron los trámites y que al año siguiente fue expedido el documento[30]. En nota, Polanco alude a la carta de

---

[28] Carta de de Polanco, por comisión de Ignacio, a Andrés de Oviedo, 24 de noviembre de 1547 (MI, t. I, 653). La cursiva es nuestra.

[29] Carta de de Borja a Ignacio, 27 de diciembre de 1547. (MHSI, *Borja*, t. II, 537). La cursiva es nuestra.

[30] «*Scripsit etiam Dux ad Summum Pontificem (antequam Patris Ignatii litteras acciperet, quae hoc ipsum petebant) supplicavitque ut Societati facultates eas, quas* mare magnum *religiosi vocant, concederet.* (….) Tunc autem agi coeptum est de illis facultatibus, quae anno sequenti fuerunt expeditae» (Polanco, *Chronicon*, t. I, 314, n. 273).

Ignacio a Borja de 20 de septiembre de 1548, que en MHSI aparece solo como resumen. En el 4.º punto dice: «Tócase de la stampa y mare magnum, que a su tiempo, etc.». Con solo estas palabras no queda claro si se concedió el *mare magnum* o no. Más bien parece lo segundo, a juzgar por otros testimonios epistolares.

Unos meses antes, en mayo de 1548, Andrés de Oviedo ha escrito a Ignacio:

«Unas de Vuestra Paternidad de 11 y de 12 de Marzo recibí, que el señor Duque me envió a Murcia. Y cuanto a lo que en ellas se dice, de ciertas cartas que de Su Señoría podrán allá aprovechar para las gracias que se pretenden para la Compañía del *Mare Magno*, me ha escrito Su Señoría, y después dicho, que ya está proveído, y que ha escrito a las personas que se escriben»[31].

Pero tampoco queda claro si estas gestiones en Roma llegaron a buen término. Si así fuera, resulta extraño que cinco años después –en 1553– el protonotario de Aragón Miguel Clemente y el gobernador, Francisco de Gurrea, escribieran sendas cartas, que ya hemos expuesto, al cardenal Juan Poggio, el primero, y a Felipe II, el gobernador, pidiendo encarecidamente que intercedieran para que las autoridades de Zaragoza garanticen la permanencia de la Compañía[32].

Por último, el mismo Francisco de Rojas escribe al P. Araoz al año siguiente, 1554, en estos términos:

---

[31] Carta de Andrés de Oviedo a Ignacio desde Gandía, 2 de mayo de 1548. (MHSI, *Epp.Mixt.*, t. I, 494).

[32] Estas cartas ya han sido mencionadas más arriba. La del protonotario de Aragón es del 29 de agosto de 1553. La dirige al cardenal Poggio que fue nuncio en España en tres ocasiones, concluyendo la tercera en 1553 (MHSI, *Epp. Mixtae*, t. III, 448-450); la carta del gobernador a Felipe II es del 30 de agosto de 1553 (MHSI, *Epp. Mixtae*, t. III, 450-453). Como dijimos más arriba, parece que su efecto fue nulo.

«Micer Jayme y micer Muñoz dicen que la derogación que en la bula de la Compañía hay acerca de los privilegios del mare magnum, es suficiente, aunque lo dicen con alguna duda: y para esto, si el nuncio tiene facultad para interpretar privilegios, haría mucho al caso que nos enviasen su interpretación»[33].

En la duda que menciona Rojas no indica de qué bula se trata. Para esas fechas, ya estaban emitidas las de Paulo III y la de Julio III en 1550. Además, la iniciativa de Ignacio y de Borja era solicitar un *mare magnum* para la Compañía, no una derogación de los privilegios de otras órdenes.

Lo que sí es cierto, pero rebasa ampliamente el ámbito de nuestro estudio, es que en el año 1571 –quince años después de morir san Ignacio– el papa Pío V emitió la bula *Dum indefessae* declarando que la Compañía de Jesús es *verdaderamente una de las órdenes mendicantes* y que goza de sus gracias y privilegios, tanto de los concedidos como de los que se les concedan[34]. En el texto, como era de esperar, no aparece el término *mare magnum*.

En definitiva, queda claro que la situación en Zaragoza para la Compañía entre 1548 y 1555 sigue siendo bastante complicada. No le faltan amigos ni fieles asiduos en la celebración de los sacramentos, pero los focos de animadversión son pertinaces e inflexibles. Esto se reflejará en la búsqueda de domicilio.

Intentos para tener domicilio estable

Con tantos factores en contra, una de las tareas que más costó a los primeros jesuitas en Zaragoza fue conseguir un domicilio

---

[33] Carta de Rojas al provincial Araoz, desde Zaragoza, en agosto de 1554. No queda claro a qué bula se refiere Rojas cuando dice que suscita dudas (MHSI, *Epp. Mixtae*, t. V, 794).

[34] «*Declaratio quod Religio Clericorum Regularium Societatis Iesu est vere de Ordinibus Mendicantibus, eorumque gratiis et privilegiis iam concessis quam concedendis perfruitur*», Proemio de la bula del papa Pío V, *Dum indefessae*, 7 de julio de 1571 (*Bullarium romanum, taurinensis editio*, t. VIII, 923-926).

estable. Aunque no hubiera muerto el fundador Juan González de Villasímplez, se habrían visto obligados a buscar otra casa donde alojar o edificar el futuro colegio. Desde mediados de 1548 ya estaba claro que el antiguo colegio de las Vírgenes no tenía futuro como lugar idóneo, por lo cual era necesario buscar otro sitio, al menos para salir del paso. El mismo Polanco hace notar que ese lugar resultaba inadecuado para casa de la Compañía[35]. Dadas las dificultades en el entorno social de la ciudad, hasta finales de 1554 no consiguieron un domicilio estable.

Los que estaban a favor de la Compañía, además del gobernador del Canal Imperial, Mateo Sebastián Morrano, y Micer Jayme Agustín del Castillo, Maestre Racional y Jurado primero, eran los jerónimos de Santa Engracia, el obispo de Huesca, don Pedro Agustín –de quienes estos dependían– y el prior de los dominicos, fray Tomás de Esquivel. No olvidemos a doña Aldonza González de Villasímplez, que se mantuvo siempre fiel a la Compañía.

En contra, como ya hemos ido viendo, estaban los franciscanos, carmelitas, agustinos y, de manera inicialmente silenciosa pero eficaz, el arzobispo Hernando de Aragón y su vicario Lope Marco. Las parroquias de la Magdalena y de San Miguel tampoco dejaron de poner dificultades a los jesuitas. Las monjas clarisas de Santa Catalina también apoyaron a los resistentes: una de ellas era sobrina del arzobispo[36]. Además, según Álvarez, el vicario de la Magdalena era sobrino de Lope Marco[37]. Hay que advertir que los agustinos conventuales

---

[35] Polanco expresa con claridad que la casa era insuficiente para lo que se pretendía: «*satis erat angusta ad Societatis usum habitatio*» (MHSI, *Polanco*, t. I, 442, n. 479).

[36] «En dicho convento de las clarisas era monja una sobrina del arzobispo quien estaba sufragando importantes reformas» (J. A. FERRER BENIMELI, SJ, *op. cit..*, 299).

[37] La cita de Álvarez está en la nota 1 a la carta de la princesa Juana al abad de Veruela, Lope Marco, 25 de junio de 1555 (MHSI, *Epp. Mixtae*, t. IV, 710).

que entonces estaban en Zaragoza no tienen que ver con la orden de san Agustín, de merecido prestigio. De hecho, unos años después, a petición de Felipe II, fueron expulsados de sus monasterios, que fueron entregados a los observantes[38].

Por otra parte, el pueblo zaragozano, como suele suceder con cualquier otro, se vería impulsado a una u otra parte según las voces y las acciones que más influjo tenían en la ciudad. Tampoco hay que descartar, como señala Borrás, que el pueblo llano, proclive a la sencillez de las devociones populares de los frailes, optara por ponerse de su lado, máxime viendo que los de la Compañía –motejados a menudo de «iñiguistas»– eran defendidos por la aristocracia de la ciudad[39].

Son más de tres los intentos de encontrar casa que se deducen del epistolario consultado. La larga carta de Román a Ignacio en febrero de 1554 presenta un amplio resumen. También nos dice que el modo de gestionar el posible nuevo domicilio era enviar a los jurados –hoy día, concejales– al lugar elegido[40].

---

[38]   «*Hoc tamen non est tacendum quod hi conventuales religiosi Caesarau-gustani et regni Aragoniae, qui nostros sedibus suis expellere nitebantur, paucis post annis,* ipsomet Rege Philippo postulante, a suis monasteriis expulsi sunt; *et eorum monasteria auctoritate apostolica observantibus data fuerunt, et ita qui observantium Institutum tenere noluerunt, omnino sedes alias quaerere compulsi sunt*». (MHSI, *Polanco*, t. V, 407-408, n. 1095). Citado en nota a la carta de Alfonso Román a Ignacio, el 17 de septiembre de 1555 (MHSI, *Epp. Mixtae* t. IV, 850, nota 1).

[39]   El factor sociológico del rechazo a la Compañía lo menciona A. Borrás y Feliú, SJ, *op. cit.,* 139. El apelativo «iñiguistas» viene ya registrado en 1549 en carta del jesuita Bernardo Casellas a Polanco desde Zaragoza: «Que hasta aquí no tenían noticia de la Compañía; ahora, por la bondad del Señor, ya se va sonando por toda la ciudad la fama de ella y de los *iñiguistas*» (MHSI, *Epp. Mixtae*, t. II, 241-242). La cursiva es nuestra. «Iñiguistas» también será usado despectivamente.

[40]   Carta de Román a Ignacio, el 25 de febrero de 1554 (MHSI, *Epp. Mixtae*, t. IV, 71-72).

Primer intento

El primer intento al que alude Román también consta en la carta de Francisco de Rojas al provincial Araoz de agosto de 1548, varias veces mencionada. Esto significa que pocos meses después de la muerte del conservador, Juan González de Villasímplez, acaecida a comienzos de abril, los jesuitas ya se movieron para cambiar de domicilio. Rojas narra así la búsqueda y también la primera experiencia de franco rechazo por parte de los carmelitas:

> «se miró uno harto cómodo, donde había patio para casa e iglesia con una huerta muy buena, y casa suficiente edificada, para entretenernos por el presente» pero acto seguido añade: «los frailes del Carmen se han opuesto con tanta eficacia que, no solamente lo han impedido por razón de la medida de sus privilegios, pero aun han alborotado la mitad de la ciudad»[41].

Esto lo recoge Astrain diciendo: «Desde 1548 pusieron los ojos en un solar de la plaza de Méliz; pero opusiéronse fuertemente los carmelitas, por estar muy cerca de su convento»[42]. Astrain alude para este dato a las dos cartas que hemos mencionado, esta de Rojas y la otra más tardía del P. Román. Sin embargo, en ninguna de las dos cartas aparece citada la plaza de Méliz, lo que nos lleva a preguntarnos, en vano, de dónde obtuvo Astrain el dato.

Los detalles sobre el lugar los encontramos en Ferrer Benimeli. Este autor aclara que la plaza de Méliz pertenecía a la parroquia de San Pablo, y abunda en datos sobre el convento del Carmen

---

[41] Carta de Rojas a Araoz, provincial, desde Zaragoza, 25 de agosto de 1548 (MHSI, *Epp. Mixtae*, t. I, 555-556).

[42] Véase Astrain, *op. cit.*, t. I., 441.

«ubicado en plena morería entre lo que hoy es la plaza del Carmen y la Puerta de Baltax o del Carmen en lo que había sido parte del fosal árabe (…). No lejos de la plaza del Carmen estaba la plaza de Meliz o Melik, *hoy plaza San Lamberto*. La parroquia de San Pablo en aquel entonces era la que mayor territorio abarcaba»[43].

Segundo y tercer intento

El segundo y tercer intento los expone Román en su carta ya mencionada:

«… se intentaron también por la ciudad otros dos sitios, como lo había hecho en el ya dicho [primer intento], enviando los jurados. Y así en ellos, como en aquel otro, por parte de un monasterio de monjas y otro de frailes de san Francisco se nos hizo la misma resistencia; alborotando mucho asimismo la ciudad, por ser los sitios cerca de sus casas»[44].

De nuevo encontramos en Astrain una breve mención:

«Después se quiso comprar unos patios entre el hospital de Nuestra Señora de Gracia y el convento de Santa Catalina; pero sintiéndose de ello las religiosas de este convento, acudieron a los Padres franciscos observantes, y estos impidieron la compra»[45].

Más expresiva resulta una carta de Rojas en agosto del mismo año 1554. Es curioso que la dirige al P. Araoz, que entonces ya era provincial de Castilla. Quizás le tenía más confianza que al provincial de Aragón, P. Francisco Estrada.

---

[43] J. A. Ferrer Benimeli, SJ, «Origen del colegio de jesuitas de Zaragoza», en: *Miscelánea Comillas*, vol. 78, núm. 152 (2020), 299, nota 23. La cursiva es nuestra.

[44] Carta de Román a Ignacio, desde Zaragoza, 25 de febrero de 1554 (MHSI, *Epp. Mixtae*, t. IV, 72).

[45] Astrain, *op. cit.*, t. I., 441.

Después de aludir a los fracasos de los lugares próximos al hospital y a Sta. Catalina, concluye:

> «Finalmente tenemos entendido que están todas las religiones, excepto la de predicadores, determinadas de usar con todo rigor de las trescientas canas, y aun, si pueden, echándonos trescientas canas, abusar de trescientas leguas, desterrándonos por todos los indiretos [¿lugares?] posibles; y las parroquias dicen que con la lanza en la mano defenderán cada una su dictión [jurisdicción]»[46].

El convento de los franciscanos estaba en el solar de la actual Diputación Provincial en la plaza España y el hospital de Nuestra Señora de Gracia se encontraba entonces en el Coso, también cerca de la plaza España. Allí permaneció hasta los bombardeos de los Sitios. Luego, fue construido en su emplazamiento actual. En cuanto a las monjas clarisas de Santa Catalina, siguen hoy en el mismo sitio en que estaban entonces. Por tanto, los dos domicilios intentados por los jesuitas y rechazados por las monjas de Santa Catalina y los franciscanos, estarían cerca del Coso. No nos es posible precisar más.

Cuarto intento

El cuarto intento para conseguir domicilio es el último que Román refiere con cierto detalle en su carta. No dice que también resultó impracticable por nuevas oposiciones, cosa que también sucedió. La compra, según Espés[47], se realizó en 1553. Esto nos hace pensar que para febrero de 1554 todavía estaban en marcha las gestiones y aún no se había suscitado el rechazo por parte de algunos vecinos.

---

[46] Carta de Francisco de Rojas a Antonio Araoz, en agosto de 1554, desde Zaragoza. (MHSI, *Epp. Mixtae*, t. V, 792-795).

[47] D. ESPÉS, *Historia eclesiástica de la ciudad de Zaragoza*, coord. Asunción Blasco *et al.*, Institución Fernando el Católico, 2019, 924. Dice el año, pero no la fecha.

Por eso, da lástima ver la alegría con que el superior de Zaragoza, Alfonso Román, narra el hallazgo del sitio sin imaginar que, por razones análogas a los casos precedentes, también resultaría un fracaso. Dice así:

«Hase ya el Señor, por su bondad, querido apiadar de nosotros y de nuestros devotos, que mucho han deseado el asiento y aumento de la Compañía en esta ciudad, en que pareciendo muy cómodo un sitio para el provecho de las almas por estar en el medio de la ciudad, aunque no para la corporal recreación nuestra por ser algo estrecho y no poder haber huerta en él, se trató con el dueño, que es un caballero principal y muy honrado de esta ciudad; y él y su mujer, que es una señora muy cristiana, holgaron mucho de nos le vender, pudiendo (a lo que se cree muy cierto) venderle en mucho más precio que a nosotros. Hase concluido la compra de aquel sitio, que es una casa vieja, que se ha de derrocar, con unos corrales que la misma tiene»[48].

Álvarez reseña este hecho brevemente:

«Después con efecto se compró casa. Esta fue la de D. Juan Torrellas, cerca de la Iglesia de San Felipe, la cual costó mil escudos. Entendida esta compra por los clérigos de nuestra Señora del Pilar, que es de aquella Parroquia, y de los de San Felipe, mostraron sentimiento, como los demás, y procuraron que los nuestros no hiciesen asiento en ella»[49].

Y así resume Astrain esta compra:

«… se adquirió, a principios de 1554, una casa vieja, con algunos corrales adjuntos, en el sitio llamado Callizo [callejón] de la Traición. Tampoco en este sitio se pudieron acomodar nuestros Padres. Tal fue el alboroto injusto que se levantó»[50].

---

[48] Carta de Román a Ignacio, desde Zaragoza, 25 de febrero de 1554 (MHSI, *ibid.*, 72-73).

[49] G. Álvarez, *op. cit.*, libro I, cap. 50.

[50] Véase Astrain, *op. cit.*, t. I., 441.

Por su parte, Ferrer Benimeli ubica el «Callizo de la Traición» en la actual calle de Atarés[51].

En resumidas cuentas, en la primavera de 1554, siete años después de su llegada a Zaragoza, los jesuitas todavía no tienen domicilio estable.

---

[51] FERRER BENIMELI, SJ, *op. cit..*, 299, nota 25.

6

Nacimiento de la provincia de Aragón
y nuevo domicilio

La provincia de España de la Compañía de Jesús llevaba más de seis años de existencia, desde el 1 de septiembre de 1547 con Antonio Araoz como provincial. En aquel entonces, apenas llegaban a 40 los jesuitas presentes en un total de siete ciudades. Ahora, en 1554, pasan de 130, repartidos en 12 poblaciones[1]. Resultaba necesario –pensemos en la lentitud de los viajes y de las comunicaciones por correo– agilizar el gobierno de la Compañía.

Para ello, en enero de 1554 Ignacio dispuso la división de la provincia de España en tres provincias de la Compañía: «Una será del reino de Aragón, Valencia y Cataluña; otra de Castilla la Vieja y el Reino de Toledo; otra de la Andalucía, a la cual se adjuntará, si os pareciere, Salamanca, y lo que se hiciere en Extremadura y Granada». Y nombra a los provinciales:

> «El Provincial de Portugal será el que lo es ahora; el de Andalucía el doctor Torres; el de Aragón el maestro Estrada; el de Castilla el doctor Araoz, porque la corte es de creer que más ordinariamente estará ahí que en otra parte, y su estada [estancia] en la corte creo será para mucho servicio divino, según lo que soy informado; y tanto más le conviene ser

---

[1] Astrain, *op. cit..*, 409-411.

descargado de la mucha carga que ahora tiene [como provincial de España]»[2].

Pero hay una novedad, que la explica el mismo Ignacio:

«Y porque el bien que hay en haber quien tenga cuidado universal en esos reinos de lo que toca a la Compañía no falte, sobre todos los provinciales, así de Portugal como los tres arriba dichos, poned un comisario que tenga mis veces en esas cuatro provincias, pues el recurso a Roma algunas veces sería más tardío de lo que las necesidades presentes allá demandan. (...) El comisario sobre todas las cuatro provincias [Portugal y las tres de España] será el P. Francisco; y todo esto se entienda por tres años, según las constituciones»[3].

Hasta ese momento y desde abril de 1553, el comisario para las provincias de España y de Portugal era el jesuita mallorquín Jerónimo Nadal. La figura de comisario era como la de un supervisor con la plena autoridad del superior general, es decir, del mismo Ignacio[4]. En el caso de Nadal, ese nombramiento había llevado aparejada la misión de promulgar las recién nacidas Constituciones de la Compañía.

Así, en enero de 1554 nos encontramos con las nuevas tres provincias de la Compañía en España –Castilla, Andalucía y Aragón– y con una autoridad intermedia entre los provinciales y el general Ignacio: el comisario para España y Portugal, Francisco de Borja, que ya no era duque de Gandía[5].

---

[2]   Carta de Ignacio a Jerónimo Nadal, el 7 de enero de 1554 (MI, t. VI, 151-153).

[3]   *Ibid.*

[4]   «*Nos igitur te in dictis regnis commissarium generalem, cum omni nostra auctoritate (…) injungimus, et ordinamus*». Carta de Ignacio a Nadal, 10 de abril de 1553 (MHSI, *Epp. Natalis*, t. I, 144-145).

[5]   Borja había renunciado al ducado el 11 de enero de 1551 en favor de su hijo Carlos de Borja y Castro. La fecha de la renuncia la hemos tomado de: Carlos M.ª Sancho de Claver, SJ, *op. cit..*, 3.

El primer superior provincial de Aragón, Francisco Estrada, era palentino de Dueñas. En 1554 cumplía 35 años. Había conocido personalmente a Ignacio en Roma, pues con él hizo los Ejercicios. En la Compañía entró en 1538 y fue ordenado sacerdote en Coímbra hacia 1545. Durante su formación ya destacó por su elocuencia, cosa muy importante en esa época y en el modo de proceder de la Compañía.

El nuevo provincial en Zaragoza

A comienzos de agosto de 1554 Francisco Estrada escribe a Ignacio una larga relación de su estancia y actuación en Zaragoza ese mismo verano. Consiguió tener dos importantes discursos ante las autoridades de Zaragoza.

El primero lo pronunció acompañado de dos jesuitas –probablemente Román y Rojas– ante el virrey, condes y caballeros, sumando unas doscientas personas. Tras concluir los aplausos, el jurado principal, que estaba al lado del virrey, «levantándose y quitando el bonete, dijo: que él propondría aquello que había oído a la ciudad en su capítulo y consejo, y que era justo [que] tal obra [el colegio de la Compañía] fuese favorecida»[6].

El segundo discurso, según el propio Estrada, se lo pidieron así:

«Después de esto, juntados todos los jurados y consejeros de esta ciudad en la lonja, donde suelen hacer sus ayuntamientos, quisieron que otro día de la semana yo les fuese a hacer otra plática a los ciudadanos por sí, id est, a los que representan toda la ciudad».

---

[6] Carta del provincial de Aragón, Francisco Estrada, a Ignacio, desde Zaragoza el 4 de agosto de 1554. En esta misma carta dice Estrada que predicó «la iglesia mayor [la Seo], y en nuestra Señora del Pilar, y en el hospital» de nuestra Señora de Gracia (MHSI, *Epp. Mixtae*, t. IV, 295-296).

Accedió Estrada y acudió al tribunal donde estaban reunidos todos los jurados y consejeros. Terminado el discurso «el principal de ellos dijo muy buenas palabras, y quedáronse ellos allí cerrados a consultar y determinar sobre lo que habían oído»[7].

El fruto de estos discursos fue llamativo: los jurados y consejeros reunidos designaron a dos caballeros para que se encargaran de recaudar fondos «y en poco más de dos días (…) se han allegado más de cuatro mil escudos»[8].

No paró aquí la cosa. En octubre de ese mismo año, el obispo de Albarracín-Segorbe, Gaspar Jofre de Borja, escribe a Ignacio desde Albarracín, donde se ha encontrado con el provincial Francisco Estrada. El obispo le comunica a Ignacio que Estrada irá a Barcelona a predicar la Cuaresma (se entiende, del año siguiente) y además le dice a Ignacio: «Lo otro que se ofrece es lo que tengo escrito al P. Francisco de Borja, acerca de poder dejar yo D [500] ducados de renta al colegio de Zaragoza; y para platicar esto, es venido aquí el dicho P. Mtre. Strada»[9]. El obsequio del obispo, pariente de Francisco de Borja, era sustancioso.

En ese mismo año 1554 el clima ciudadano y eclesiástico de Zaragoza permitió que Estrada también predicara durante el Adviento «todos los domingos y fiestas, y los domingos dos sermones, uno a la mañana, y otro a la tarde»[10]. La concurrencia de fieles fue muy nutrida. La elocuencia de Estrada movía los ánimos:

---

[7] *Ibid.*, 296.

[8] *Ibid.*

[9] Carta del obispo de Albarracín-Segorbe, Gaspar Jofre de Borja, a Ignacio, desde Albarracín, el 15 de octubre de 1554 (MHSI, *Epp. Mixtae*, t. IV, 394).

[10] Carta del jesuita Baltasar Piñas a Jerónimo Nadal el 9 de enero de 1555, desde Zaragoza (MHSI, *Epp. Natalis*, t. I, 276). El P. Piñas, ilerdense de unos 27 años de edad y recién ordenado sacerdote en Zaragoza, había celebrado su primera misa el día de Todos los Santos, 1 de noviembre de 1554. Permanecería un par de años en nuestra ciudad.

«Por los sermones de nuestro Padre Mtro. Estrada han venido a tener los de esta ciudad muy mayor conocimiento, devoción y crédito de la Compañía (…). Quedan todos muy movidos y deseosos que la Compañía tome más asiento en esta ciudad que hasta ahora»[11].

Por el mismo Baltasar Piñas sabemos que el provincial Estrada marchó de Zaragoza el 3 de enero de 1555 hacia Barcelona, adonde llegó a mediados de mes. Recién llegado a la Ciudad Condal escribió a Ignacio con verdadera satisfacción diciéndole

«… cómo dejaba ya casa tomada en el sitio mejor de toda Zaragoza, y toda la ciudad con mucha edificación y amor a la Compañía, sin ninguna contradicción». Y añade: «El día que de allí me partí salieron algunos caballeros y otras personas conmigo, que me acompañaron hasta cerca de la noche»[12].

Parece que continúa el tiempo de bonanza para la Compañía.

Consiguen domicilio estable

Tuvo que ser durante el segundo semestre de 1554 cuando los jesuitas en Zaragoza consiguieron por fin un domicilio estable. Se trataba, por lo menos, del quinto intento para encontrar casa. En este caso resultó ser el lugar definitivo. Era el que ocupan hoy día el Real Seminario de San Carlos y la iglesia de la Inmaculada Concepción, anexa al mismo: ambos fueron el colegio e iglesia de la Compañía de Jesús en Zaragoza hasta la expulsión de los jesuitas por Carlos III el 2 de abril de 1767.

En una pequeña parte del solar del actual San Carlos, con su iglesia, había entonces unas casas que eran propiedad del

---

[11] Carta de Baltasar Piñas a Jerónimo Nadal, el 9 de enero de 1555, desde Zaragoza (MHSI, *Epp. Natalis*, t. I, 277).

[12] Carta de Estrada a Ignacio desde Barcelona, el 18 de enero de 1555 (MHSI, *Epp. Mixtae*, t. IV, 524).

caballero Sancho de Francia[13]. En la mencionada carta de enero de 1555 del jesuita Baltasar Piñas a Jerónimo Nadal, leemos:

«El sitio es harto conveniente y habíase harto tiempo pretendido; las casas son muy viejas, aunque se podrá servir de ellas la Compañía más de 30 años con poco reparo que les haga». Y añade: «La vigilia de Navidad se concluyó el concierto de las casas y sitio para la Compañía en precio de 2500 libras»[14].

Es muy verosímil que esa cantidad fuera parte de la que habían ordenado recaudar los jurados y consejeros de la ciudad como fruto de los discursos que pronunció el provincial Estrada unos meses antes[15]. No obstante, añade Piñas:

«Después acá que se concertó la compra, se han ofrecido muchos embarazos sobre ellas, por donde aún no las habemos tomado, hasta tanto que todo tenga claridad. El P. Rojas va ahora

---

[13] El dato del propietario lo tenemos en Álvarez: «era una casa que se decía de Sancho de Francia, que estaba más dentro de la Ciudad que los dos otros primeros sitios pretendidos, y no había contradicción por entonces» (G. ÁLVAREZ, *op. cit.*, libro I, cap. 50). Nótese el *«por entonces»*. Con más detalle lo recoge Diego de Espés, contemporáneo de estos hechos: «Tomóse pues, con acuerdo y parecer de los jurados, el sitio de las casas de Sancho de Francia, las cuales en diez y nueve de abril año de mil y quinientos cincuenta y cinco vendió Violante Aznar, mujer del Sancho de Francia, a los muy religiosos frailes y padres maestro Francisco d'Estrada, provincial (…) y al padre Alonso Román rector que era entonces del colegio» (ESPÉS, *Historia eclesiástica de la ciudad de Zaragoza*, 924). Véase también ASTRAIN, *op. cit..*, 443.

[14] Carta de Baltasar Piñas a Jerónimo Nadal, el 9 de enero de 1555, desde Zaragoza (MHSI, *Epp. Natalis*, t. I, 277).

[15] El provincial Estrada en su carta ha hablado de *escudos*, y Piñas en la suya dice *libras*. Acudimos a esta nota de Ferrer Benimeli para aclarar la discordancia: «La libra era moneda convencional de cuenta equivalente a un escudo (22 quilates) o 20 sueldos. El ducado (23,3 quilates) equivalía a 22 sueldos. El oro puro tenía 24 quilates. Quilate = unidad que sirve para designar la pureza del oro en una aleación», FERRER BENIMELI, SJ, *op. cit..*, 300, nota 29.

entendiendo en ello, con esperanza que lo concluirá todo muy presto con la ayuda del Señor»[16].

O sea: la víspera de Navidad de 1554 se acordó la compra, pero el 9 de enero de 1555 los jesuitas todavía no han ocupado las casas. No dicen las causas, pero las podemos suponer. Hemos visto, en nota, que según Espés el pago no se realizó hasta el mes de abril de 1555.

Así, el pequeño grupo de jesuitas, con pocas variaciones de sujetos, llevaba ocho años viviendo en la ciudad. En los primeros meses de este año 1555 podían mirar con mayor sosiego y esperanza su situación en Zaragoza. Los éxitos de los discursos y las predicaciones en adviento por parte del P. Francisco Estrada, primer provincial de Aragón, habían impactado favorablemente en los oyentes y habían reportado sustanciosas donaciones dinerarias para sufragar los gastos del nuevo domicilio. Bastantes personas comenzaban a enterarse de quiénes eran esos sacerdotes, que no frailes, de la innovadora orden religiosa. Todo alentaba a mirar hacia delante y a elaborar proyectos de futuro.

Las relaciones de los jesuitas con Pedro Agustín, obispo de Huesca con jurisdicción sobre los jerónimos de Santa Engracia, seguían siendo excelentes. Dígase lo mismo de Tomás Esquivel, prior de los dominicos en Zaragoza, y de otras personas seglares como Sebastián Morrano, gobernador del Canal Imperial, Micer Diego Morlanes, prestigioso abogado zaragozano, y Jaime Agustín del Castillo. Por otra parte, el arzobispo de Zaragoza, Hernando de Aragón, y su vicario Lope Marco, abad de Veruela, parecían sosegados.

---

[16] Carta de Piñas a Nadal, el 9 de enero de 1555 (MHSI, *Epp. Natalis*, t. I, 277).

7

Sucesos del año 1555

El año 1555 puede considerarse el *año crucial* de los inicios de la Compañía de Jesús en Zaragoza y, en cierto modo, en el mundo. Se acumulan importantes acontecimientos que se entrelazan en el tiempo: nuevo cambio de papa, con resultado poco halagüeño para la Compañía; viraje radical del arzobispo de Zaragoza y de su vicario consintiendo –si no alentando desde la sombra– una implacable persecución de los jesuitas; exilio voluntario a Pedrola de los pocos jesuitas de Zaragoza; intervenciones severas de la princesa Juana, regente de España, en favor de la Compañía y, finalmente, regreso de los jesuitas a Zaragoza en son de paz.

Los cinco temas los hemos enumerado en orden cronológico, pero las fechas en que ocurren los distintos hechos se solapan inevitablemente. Creemos más recomendable –sobre todo pensando en el lector de estas páginas– tratar los cinco en el orden en que cada uno tuvo su inicio dentro del mismo año.

Novedades en Roma: dos papas en poco tiempo

El 23 de marzo de 1555 acababa sus días en Roma el papa Julio III, quien había confirmado la Compañía en la línea de su predecesor Paulo III. No pasó mucho tiempo hasta que se celebró el cónclave y el 9 de abril ya había nuevo papa: Marcelo Cervini, el cual adoptó el nombre de Marcelo II.

Nadie podía sospechar que el recién elegido papa iba a fallecer al poco tiempo: a los veinte días de su pontificado murió Marcelo II, el 1 de mayo.

De nuevo tuvo que reunirse el cónclave. Esta vez, el día de la Ascensión, 23 de mayo de 1555, salió elegido el cardenal teatino Gian Pietro Carafa, que adoptó el nombre de Paulo IV.

Es bien sabido que Íñigo de Loyola en sus años de estudiante en Venecia (1536-1537), tuvo serias dificultades con Gian Pietro Carafa, el cual quedó malquistado para siempre con Ignacio[1]. Casi veinte años después, cuando el día de la Ascensión de 1555 se escuchó el campaneo en Roma anunciando el nuevo papa y supo Ignacio quién era el elegido,

«… experimentó una notable conmoción y alteración en el rostro; y según después supe (no recuerdo si por él mismo o por Padres antiguos a quienes él lo había contado), se le estremecieron todos los huesos del cuerpo. Se levantó sin decir ni una palabra y entró a orar en la capilla; y poco después salió tan alegre y contento, como si la elección hubiera sido muy a su gusto»[2].

Estas novedades tardaron en conocerse en Zaragoza. La noticia de la muerte de Julio III, ocurrida el 23 de marzo, llegó hacia finales de abril. Así nos consta por una carta del P. Pedro Tablares a Ignacio: «Las cartas en testimonio de la Compañía ya yo he hablado al Virrey, que, por estar en el lugar que está, escribirá al Papa. Dios le dé para su Iglesia cual conviene, que hace 8 días que hay aquí nueva de su fallecimiento»[3].

---

[1]   Véase: G. SCHURHAMMER SJ, (1992) *Francisco Javier. Su vida y su tiempo*, t. I, *Europa. 1506-1541*, 404.

[2]   B. HERNÁNDEZ MONTES, SJ, *Recuerdos ignacianos. Memorial de Luis Gonçalves da Câmara*, 90. El texto original en portugués puede verse en: MHSI, *Fontes narrativi*, Vol. I, *Memorial de Camara*, n. 93, 581.

[3]   Carta de Tablares a Ignacio, el 4 de mayo de 1555, desde Zaragoza (MHSI, *Epp. Mixtae*, t. IV, 638-639).

En cuanto a la elección de Paulo IV no tenemos fecha precisa de la llegada de la noticia a Zaragoza. Lo que sí sabemos es que el 12 de julio ya lo sabía Francisco de Borja, el cual no oculta la pena por el breve pontificado –20 días– de Marcelo II. Borja le dice así a Ignacio:

«Lo que en esta se ofrece es dar gracias a Nuestro Señor por el cuidado que ha tenido de proveer a su iglesia de tal pastor, ya que por su secreto juicio nos quitó el sucesor que había dado a la buena memoria de Julio III, cuyo fallecimiento tan en breve se sintió mucho (…). Espero en la suma bondad reparará aquella pérdida con la nueva elección de tal sucesor, de quien acá se tiene mucha expectación»[4].

Más importante que la fecha de la noticia es el conocimiento que el arzobispo de Zaragoza tenía de la poca simpatía de Paulo IV hacia la Compañía. Así lo dice discretamente Borja en otra carta a Ignacio:

«De acá se ha dado por parte de la princesa y del consejo de Aragón todo el favor que a nuestra justicia se debía, y esperamos se concluirá muy bien. Pero todavía será necesario que Vuestra Paternidad hiciese alguna diligencia de allá por parte del pontífice y del cardenal de Santiago, porque dice que ha dicho el Rvmo. [arzobispo] de Zaragoza que no nos es propicio el Papa, y que él piensa tener espaldas en el dicho cardenal de Santiago para seguir lo que pretende, que es echar de allí a los nuestros»[5].

Dicho más claro: Hernando de Aragón, arzobispo de Zaragoza, piensa apoyarse en el cardenal dominico Juan Álvarez de Toledo, arzobispo de Santiago de Compostela e inquisidor en

---

[4] Carta de Borja a Ignacio, el 12 de julio de 1555, desde Simancas (MHSI, *Borgia*, t. III, 218).

[5] Carta de Borja a Ignacio, el 30 de julio de 1555, desde Simancas (MHSI, *Borgia*, t. III, 231-232).

Roma, y valerse de la antipatía de Paulo IV hacia Ignacio y la Compañía, para expulsar a los jesuitas de Zaragoza.

Estas líneas nos introducen ya en los temas siguientes de 1555.

Inauguración de la capilla y brotes de persecución

Acudió por aquel tiempo a Zaragoza el padre viceprovincial, Bautista de Barma[6], el cual animó a los jesuitas para que en las casas recién adquiridas se hiciesen algunas reformas, tanto para la vivienda de ellos como para ejercer el ministerio sacerdotal. Para ello, hicieron

> «… Iglesia o capilla de una sala baja, que hoy día [en tiempos del narrador, Gabriel Álvarez] sirve de Refectorio poniendo por retablo una imagen de la Concepción de nuestra Señora, aderezando su altar y lo demás necesario para decir misa presto, y pobremente, el cual aderezo dieron Doña Esperanza y Doña Ana de Gurrea, señoras principales de aquella Ciudad y hermanas del Gobernador de Aragón D. Juan de Gurrea»[7].

Convenía tomar posesión pública cuanto antes del nuevo establecimiento religioso. En este punto hemos encontrado dos versiones, pero hemos optado por atenernos al testimonio más antiguo que conocemos: la larga carta que el P. Alonso Román escribió a Ignacio narrando con todo detalle lo vivido por él en Zaragoza[8]. Entendemos que este es el relato más próximo a los hechos. Además, la reseña que hace Polanco coincide con esa

---

[6]   Juan Bautista de Barma, nacido en 1524 en Alcalá de Henares. Más tarde sería provincial de Aragón. Falleció en Murcia a los 36 años.

[7]   G. ÁLVAREZ, *op. cit.*, libro I, cap. 51. Nótese que desde el primer momento los jesuitas dedicaron a la Virgen María la capilla. La historia posterior confirmará esta actitud.

[8]   Carta de Alfonso Román a Ignacio, desde Zaragoza, el 13 de agosto de 1555 (MHSI, *Epp. Mixtae*, t. IV, 799-814).

carta. Así, con ayuda de otros datos colaterales presentamos un resumen verosímil de lo sucedido

Según Román, los jesuitas acudieron al arzobispo, Hernando de Aragón, quien los derivó a su vicario general, Lope Marco, abad de Veruela. Este les dio licencia para comenzar a decir misa en la modesta capilla ya mencionada.

Para la celebración solemne habían fijado la fecha del miércoles de Pascua, que era el 17 de abril de 1555. Todo estaba preparado y ya estaban previstos los asistentes: el virrey, Diego Hurtado de Mendoza, duque de Francavila; uno de los inquisidores y otras personas afines. La predicación se la habían encargado a fray Juan Azorola, de los jerónimos de Santa Engracia que dependían del obispo de Huesca.

La víspera por la noche, los jesuitas recibieron mediante un propio, enviado por Lope Marco, vicario del arzobispo, el ruego de que suspendiesen la celebración porque se habían quejado los frailes de san Agustín y las parroquias próximas de San Miguel y de La Magdalena. Recordemos que el vicario de esta última era sobrino de Lope Marco.

El mismo viceprovincial, Bautista de Barma, encargó al enviado por Lope que le dijera que a la mañana siguiente iría a verlo. Pudo ser una respuesta para salir del paso.

A esas alturas, la suspensión de la ceremonia inaugural suponía un grave trastorno, no solo por los invitados a ella, sino porque significaba renunciar a un derecho propio de la Compañía ante una prohibición ilegítima. Consultó Barma con los demás jesuitas y personas de confianza y, viendo las facultades que otorgaban las bulas de la Compañía, decidieron seguir adelante tal y como lo habían previsto[9]. Así, a la mañana siguiente celebró

---

[9] La otra versión a la que hemos aludido añade una ingeniosa estratagema. Los jesuitas, conociendo la poca simpatía del arzobispo y de su vicario, decidieron actuar de un modo más hábil: a primera hora de la mañana de ese día celebrarían en privado una misa en presencia de notario y de otras personas como testigos de la toma de posesión de esa capilla como lugar de culto. Luego,

la misa solemne fray Juan Tomás Esquivel, prior de Santo Domingo; los padres de la misma orden cantaron el oficio y predicó, como estaba previsto, fray Juan Azorola.

La reacción del arzobispo y de su vicario, abad de Veruela, no se hizo esperar. Al concluir la misa, encontraron que habían fijado en las puertas:

> «un edicto del abad, en que se decía que unos clérigos con propia autoridad, pospuesto el temor de Dios, decían misas, y predicaban, y administraban sacramentos en una casa profana y que mandaba que todos los rectores y vicarios publicasen en sus iglesias que ninguno viniese allí a ninguno de los ministerios dichos, y lo contrario haciendo, cayesen en excomunión».

> «Hubo escándalo no pequeño por aquello, y se pidió por el virrey y por otras personas principales, y muchas veces por nosotros al mismo abad, mandase revocar el edicto ya dicho; y para esto le mostramos las bulas, y las tuvo algunos días, y las mostró al oficial del mismo arzobispo, y nunca quiso revocar»[10].

Esto fue solo el comienzo.

También intentaron molestar a los jesuitas mediante el Justicia de Aragón, a quien pidieron, según dice Román: «que fuésemos expelidos de las casas; y que no edificásemos iglesia ni dijésemos misas, ni ejercitásemos los demás ministerios»[11] pero los de la Compañía obtuvieron sentencia a su favor.

---

a la hora prevista, tendrían la misa solemne. De este modo, les antes de la misa solemne les llegaba una prohibición, podrían decir que ya estaba autorizado el uso de la capilla. A esta versión se adhiere Astrain (*Historia...*, t. I, 444) y también Álvarez, el cual sitúa el aviso para suprimir la celebración el mismo día muy de mañana (G. Álvarez, *op. cit.*, libro I, cap. 51, 338). Resulta extraño que un proceder tan habilidoso, de ser verdad, no lo mencione Román, que vivió directamente todos aquellos sucesos.

[10] Carta de Alfonso Román a Ignacio, desde Zaragoza, el 13 de agosto de 1555 (MHSI, *Epp. Mixtae*, t. IV, 801).

[11] Carta de Alfonso Román a Ignacio, desde Zaragoza, el 13 de agosto de 1555 (MHSI, *Epp. Mixtae*, t. IV, 802).

Los agustinos eligieron como «juez conservador»[12] al prior de los franciscanos, el cual mandó «que no edificásemos ni celebrásemos, por ser nuestra casa y capilla dentro de espacio de trescientas canas»[13]. Por su parte, El P. Román y sus compañeros hicieron lo propio. Aceptó ser su juez conservador don Pedro Agustín, es decir, el obispo de Huesca que siempre se comportó con lealtad hacia la Compañía.

El temporal no amainaba. El 9 de junio de 1555, fiesta de la Santísima Trinidad y con el consentimiento del arzobispo

> «se denunciaron por casi todas las iglesias y monasterios de la ciudad por excomulgados todos los que desde el dicho primero día (que fue a los diez y siete de Abril) habían ido a oír misa o predicación, o a recibir sacramentos a nuestra capilla»[14].

A las dos semanas, el domingo 23 de junio, el juez conservador de los agustinos amplió la excomunión a los propios jesuitas: Bautista de Barma, viceprovincial, y Francisco de Rojas, que llevaban días fuera de Zaragoza; a Baltasar Piñas y al superior Alfonso Román.

Por lo visto tampoco estaba por entonces en Zaragoza el P. Luis Santander[15], aunque parece que había llegado en abril y que le tocó también padecer buena parte de estas revueltas. No tardaría en tener actuaciones importantes en nuestra ciudad.

Aunque hoy día nos pueda parecer surrealista, en la España del siglo XVI, proclive a sospechar de protestantismo ante

---

[12] El juez conservador era un «Juez particular, extraordinario, escogido por la Orden religiosa para decidir las cuestiones que surgen entre una Orden y otra, o entre una Orden y un obispo», (Astrain, *op. cit.*, t. I, 446, nota 2).

[13] Carta de Alfonso Román a Ignacio, desde Zaragoza, el 13 de agosto de 1555 (MHSI, *Epp. Mixtae*, t. IV, 802).

[14] Carta de Alfonso Román a Ignacio, desde Zaragoza, el 13 de agosto de 1555 (MHSI, *Epp. Mixtae*, t. IV, 803).

[15] Luis Santander, sacerdote sevillano de Écija, ingresó en la Compañía en 1554 a sus 27 años. Se agregó a los compañeros de Zaragoza en abril de 1555 para un cierto tiempo.

conductas que llamaban la atención[16], la pena de excomunión era un escándalo social de primera clase: cuatro sacerdotes jesuitas y todos los fieles que a ellos habían acudido los dos meses anteriores, excomulgados.

Es verdad que cualquier experto en derecho canónico, analizando los documentos pontificios o bulas de la Compañía y el modo de proceder de los eclesiásticos del momento, diría que tales excomuniones eran nulas. Pero lo importante era el efecto social y eclesial que estas causaron en la sociedad zaragozana del momento. Quedaba paralizada la acción apostólica de los jesuitas, y a quienes no ocultaban su amistad y lealtad con ellos los echaban fuera de las iglesias[17].

También los jesuitas que estaban padeciendo estos ataques sabían de la nulidad de la excomunión impuesta. Así explica Román sus intentos de defensa:

> «entendimos en sacar y publicar las letras contra los contrarios, declaratorias de la excomunión en que habían incurrido; y queriéndolas publicar por las iglesias (…) yo fui a pedir al oficial un nuncio para que se pudiese hacer, y no lo quiso dar (…) y así se publicaron nuestras letras en solo un monasterio [los jerónimos de Sta. Engracia], donde se tenía cuenta con el obispo de Huesca». Y añade: «después, no pudiendo hacer otro, se fijaron públicamente en diversos lugares en que se denunciaron censuras contra el guardián [juez conservador de los agustinos] y todos

---

[16] «Dícense tantas cosas que no habría papel para escribirlas: dicen que somos luteranos; otro, me dijeron que había dicho que somos herejes» (Carta del P. Luis Santander a Polanco, el 16 de julio de 1555, desde Zaragoza. MHSI, *Epp. Mixtae*, t. IV, 729). «No ha faltado quien afirme que somos herejes, otros que luteranos, otros que es secta la nuestra y que vivimos sin ley» (Alfonso Román a Ignacio, 13 de agosto de 1555. MHSI, *Epp. Mixtae*, t. IV, 806).

[17] «Dos caballeros, que son el conservador [Juan Luis González de Villasímplez] y Morrano [Mateo Sebastián de Morrano, gobernador del Canal Imperial], lanzaron de la Seo, y preguntando por qué, les dijeron: porque sois de ellos» (Carta del P. Luis Santander a Polanco, el 16 de julio de 1555, desde Zaragoza. MHSI, *Epp. Mixtae*, t. IV, 728).

nuestros contrarios, scilicet, los frailes de san Agustín y los clérigos de la Magdalena. Puestas y fijadas nuestras letras, de allí
a tres o cuatro horas mandó el oficial a un clérigo (…) que las
quitase, y así lo hizo públicamente, y fueron luego por toda la
ciudad frailes agustinos, y quitaron a pedazos las letras»[18].

En resumen: por mucha razón que tuvieran los jesuitas, su
indefensión era total.

El culmen del acoso jurídico fue el viernes 12 de julio. Para
demostrar que la presencia de los jesuitas en Zaragoza era per-
judicial e indeseable, el juez conservador de los agustinos puso
entredicho a toda la ciudad, con la anuencia del capítulo de La
Seo, «porque el Rmo. Arzobispo, usando de maña, diciendo
que él estaba por ambas partes inhibido, lo dejó a su capítulo.
(…) Está este entredicho por toda la ciudad, no con poco escándalo y alboroto». Esto significaba la privación de los sacramentos a todos los fieles y en todas las iglesias de Zaragoza. El
símil sanitario es fácil: poner en cuarentena a toda una ciudad
porque han surgido varios brotes de una enfermedad grave muy
contagiosa. Los *brotes* eran los jesuitas[19].

Ante esta situación, el P. Alfonso Román no dudó en acudir
a Valladolid al día siguiente del entredicho, es decir el 13 de
julio. Allí estaba la Corte y también Francisco de Borja con
quien deseaba consultar los sucesos de Zaragoza, y también
«a pedir remedio por vía de la serenísima princesa o del Rmo.
Nuncio; pues todos los que hemos buscado y aplicado no han
aprovechado cosa alguna»[20]. Durante la ausencia del P. Román,
hizo de vicesuperior el P. Pedro Tablares, a quien ya hemos
mencionado más arriba.

---

[18] Carta de Alfonso Román a Ignacio, desde Zaragoza, el 13 de agosto de
1555 (MHSI, *Epp. Mixtae*, t. IV, 805).

[19] Carta del P. Luis Santander a Polanco, el 16 de julio de 1555, desde
Zaragoza (MHSI, *Epp. Mixtae*, t. IV, 727).

[20] Carta de Alfonso Román a Ignacio, desde Zaragoza, el 13 de agosto de
1555 (MHSI, *Epp. Mixtae*, t. IV, 800).

Esta nueva situación ayudó a dar rienda suelta a las manifestaciones y algaradas callejeras contra la Compañía. Vale la pena recoger este largo texto de Álvarez porque describe, como si él hubiera estado presente, cómo era la situación poco después del Entredicho:

«Por las Iglesias y Monasterios cantaron contra los nuestros el Salmo de la maldición a 26 de Julio, día de Sta. Ana por la tarde en las Vísperas, y muchos Clérigos y Religiosos salieron como en procesión el mismo día, con la cruz cubierta de luto hasta nuestra casa cantando también al Salmo de la maldición, y echando piedras hacia atrás, por vía de agravar las censuras; esto se hizo por dos veces, la una de parte de tarde, y la otra la mañana siguiente: Los frailes de San Agustín iban por las calles alrededor de nuestro Colegio con un Crucifijo, diciendo en voz alta misericordia, misericordia.

Viendo los muchachos y mozuelos de poca edad lo que habían hecho los Clérigos cuando salieron en procesión, e incitados de otros de mayor edad y dignidad, júntanse en gran número, desapegan los cedulones de las paredes y puertas donde estaban, forman de ellos una bandera y de tropel y como dicen, a pendón herido, dan sobre nuestro Colegio una tan furiosa rociada de piedras, que puso cuidado a los nuestros y a muchos otros de fuera pensando que era motín del pueblo, y caso de mayor peligro.

Acudió luego a remediarlo Don Gerónimo Zapata, que era uno de los Jurados, el Virrey acudió con sus Alguaciles y Alabarderos de su guarda y el Zalmedina [el Justicia ordinario] de la Ciudad. Muchos caballeros principales que a la sazón estaban jugando la pelota junto a la Torre Nueva, avisados del súbito rebato, así como estaban medio desnudos tomando sus espadas vinieron por aquella calle nueva [actual calle San Jorge] corriendo a nuestro Colegio, que estaba bien lejos, a socorrer a los Padres»[21].

---

[21] G. ÁLVAREZ, *op. cit.*, libro I, cap. 54, 362-364.

Reacción de los jesuitas

El revuelo y malestar que había causado en Zaragoza el entredicho del 12 de julio, impulsado por los agustinos mediante su juez conservador, prior de San Francisco, motivó que se reuniera el Consejo de la ciudad –hoy podríamos decir el Pleno del Ayuntamiento– para procurar zanjar eficazmente el problema y levantar la pena canónica.

En un primer momento decidieron lo siguiente: un jurado (Jerónimo Zapata) iría a entrevistarse con el virrey, y otro (Juan Francisco de Gurrea) con el arzobispo o con su vicario Lope Marco; además, avisaron «a las cuatro órdenes y a los Padres de la Compañía para que todos acudiesen a la Casa de la Ciudad»[22].

Las entrevistas de los jurados con el virrey y con el arzobispo no produjeron especial resultado. El virrey manifestó que él no tenía inconveniente en que se levantara el entredicho; dijo también que tenía entendido que la princesa Juana, entonces regente de España[23], había enviado una carta a Micer Camacho, regente del Consejo de Aragón, urgiendo que se levantase *en tres días* la sanción canónica. En cuanto al arzobispo, «respondió que no sabía cosa ninguna, ni menos había puesto, ni aprobado, el Entredicho»; que el ejecutor era el juez conservador de los agustinos y que la iglesia matriz (La Seo) había obedecido «pero que él ni su Vicario, no tenían arte ni parte en este negocio»[24].

---

[22] Álvarez, en el capítulo 56, 368, no especifica más. Se supone que las cuatro órdenes serían: agustinos, franciscanos, dominicos y carmelitas pues los jerónimos de Santa Engracia dependían del obispo de Huesca. En otro lugar, Álvarez, además de estas cuatro órdenes, menciona al guardián de Jesús y al padre comendador de San Lázaro (Álvarez, cap. 56, 370).

[23] Como bien sabemos, la princesa Juana de Austria, hermana de Felipe II, asumió la regencia de España durante la ausencia de su hermano entre 1554 y 1559 por su viaje a los Países Bajos e Inglaterra para casarse con María Tudor. Juana siempre mostró gran aprecio por la Compañía de Jesús y confianza en Francisco de Borja. De estas cartas nos ocuparemos en otro lugar.

[24] Álvarez, cap. 56, 369.

Los jesuitas que quedaban en Zaragoza tuvieron la iniciativa de solicitar que les permitieran presentarse en la Casa de la ciudad, para exponer su situación ante los jurados o concejales.

Volvió a reunirse el Consejo de la ciudad. Acudieron los jesuitas Luis Santander y Baltasar Piñas[25] y manifestaron que querían obedecer a la ciudad pero que, antes de responder ante los jurados acerca del asunto de su domicilio, necesitaban primero consultar a la persona adecuada: entiéndase, el obispo de Huesca, Pedro Agustín, su juez conservador. Salieron del Consejo los dos jesuitas y fueron entrando los de las demás órdenes.

El jurado Jerónimo Zapata en nombre del Consejo y en ausencia de los dos jesuitas, se dirigió a todos los religiosos presentes exhortándolos a que facilitaran un concierto para poder levantar el entredicho. Los agustinos continuaron en su postura de culpar a la Compañía de todo lo que sucedía y dudaban que los jesuitas se aviniesen al concierto.

Estando todos reunidos, llegó al Consejo el obispo de Huesca, Pedro Agustín, juez conservador de los jesuitas, y pidió la palabra. Se ausentaron todos los religiosos. El obispo tomó asiento entre los jurados, y declaró

«… que la Compañía de Jesús estaba de años atrás aprobada por la Sede Apostólica, y que las Majestades del Emperador y del Serenísimo Príncipe de España (…) tenían especial devoción y afición a la Compañía e intención de favorecerla» y que «la Serenísima Princesa Gobernadora le había mandado por carta que aceptase el cargo de Juez Conservador por los de la Compañía»[26].

---

[25] La presencia de estos dos jesuitas ante los jurados la sabemos por el manuscrito de Álvarez al que seguimos por ser el más antiguo que aborda estos sucesos (Álvarez, cap. 56, 369). Otra cosa será la siguiente comparecencia de los jesuitas ante el Consejo de la ciudad a finales del mes de julio (Álvarez, cap. 58, 380), comparecencia que también recoge Astrain (Astrain, *Historia…*, t. I, 455).

[26] Álvarez, cap. 56, 372.

Añadió que efectivamente los jesuitas habían acudido a su casa para consultar con él la situación.

Por parte del Consejo de la ciudad veían que no había esperanza de concierto e incluso les parecía que la Compañía no procedía bien con la ciudad. Parece que las elocuentes palabras del obispo de Huesca no habían sido convincentes[27]. En cualquier caso, lo urgente era que se levantara el entredicho.

Hacia finales del mes de julio, el P. Tablares, como sustituto del superior P. Román, tomó la decisión de que los jesuitas se ausentasen de Zaragoza sin fecha de regreso: era el modo de que se levantara el entredicho y se apaciguaran los ánimos, tanto de las autoridades como del pueblo zaragozano. Así, el P. Tablares

«... juntó a los otros Padres el 27 de julio y les propuso abandonar la ciudad para apaciguar el enojo de los contrarios. Aprobada la idea por todos los de casa, fuese desde luego el P. Tablares, acompañado del P. Santander, a la casa del Ayuntamiento y, en presencia de los jurados y consejeros y de otra gente principal que concurrió al acto, expuso con aire tranquilo y sereno los santos propósitos de la Compañía al establecerse en Zaragoza; agradeció humildemente los favores que les había dispensado la ciudad, pero añadió que, pues los ánimos estaban tan alterados por causa de la Compañía, *juzgaban oportuno retirarse de Zaragoza por no ser ocasión de molestia* a una ciudad a quien tanto debían y en cuyo servicio deseaban emplearse»[28].

Con más detalle nos refiere Álvarez la escena en su manuscrito. Dice que cuando los dos jesuitas entraron en el Consejo de la Ciudad

«... mandáronlos asentar en medio de los Consejeros, y el Padre Pedro Tablares, que era superior dio la mano al Padre

---

[27] *Ibid.*, 373-374.
[28] Astrain, *Historia....*, t. I, 455. La cursiva es nuestra.

Luis Santander para hablar, por estar más al cabo del negocio y porque tenía más gracia y eficacia en razonar (...) el
cual hizo un razonamiento muy cuerdo, grave y muy eficaz y
acompañado de mucha modestia, según refería Micer Diego
Morlanes, que se halló presente»[29].

Lo ocurrido en estas pocas semanas se podría resumir así:
las autoridades civiles ofrecen a los jesuitas alguna solución de
compromiso, quizá volviendo a su primitivo domicilio, renunciando al que entonces tenían, o también sometiendo su causa
a letrados neutrales para que decidieran sobre sus derechos. En
lugar de aceptar este concierto, cosa que significaría reconocer
la insuficiencia de las bulas pontificias, decidieron abandonar
Zaragoza y esperar nuevos acontecimientos.

Aceptaron los jurados, de buen grado, la decisión propuesta
de los jesuitas. El P. Tablares entregó las llaves a la Casa de la
ciudad. Los jurados encargaron a Miguel Español, secretario
de la ciudad, que se hiciese inventario de todos los enseres que
hubiera en la casa de la Compañía para guardarlos en depósito.
El secretario y los jesuitas, junto con otros acompañantes, fueron a la casa con ese fin, y quienes la vieron por primera vez
quedaron asombrados de la pobreza con que vivían los de la
Compañía.

Sabían sin duda los jesuitas que serían bien acogidos en Pedrola, en la casa de doña Luisa de Borja, condesa de Ribagorza
y hermana del P. Francisco. Allí se encaminaron a caballo, el
jueves 1 de agosto de 1555 después de comer, los PP. Pedro Tablares, Luis Santander, Baltasar Piñas y el hermano coadjutor
Juan Rojo. Iban acompañados de varios caballeros principales.
Al recorrer el Coso, la gente que miraba la curiosa comitiva
hacía comentarios de todo tipo.

Al llegar a la villa de Alagón, «que está cuatro leguas de Zaragoza», los acompañantes, antes de despedirse de los jesuitas, les

---

[29] Álvarez, cap. 58, 380.

facilitaron un lugar donde poder descansar esa noche. También les ofrecieron la cantidad de 50 escudos para sus necesidades, pero los jesuitas rehusaron el donativo: sabían que la condesa los acogería con largueza[30].

A la mañana siguiente reemprendieron la marcha hacia Pedrola, que no está lejos de Alagón, y allí fueron bien recibidos y alojados. Era el 2 de agosto de 1555. El P. Tablares regresó pronto a Zaragoza, en secreto, donde estuvo alojado por el virrey en el palacio de la Inquisición, es decir, en La Aljafería. Unos días más tarde, llegaría a Zaragoza el P. Alfonso Román y se incorporó a Pedrola, pues desde esta población escribió a Ignacio la larga carta que hemos mencionado[31].

En Pedrola la vida de los jesuitas era mucho más sosegada. En Zaragoza ya se había levantado el entredicho, pues ellos habían sido la involuntaria causa. Sí que había algunas reticencias hacia ellos en Pedrola, pero pronto pudieron ejercer el ministerio sacerdotal, de modo particular, con los moriscos, que recibían con respeto y agrado la catequesis[32].

Pero junto con esto, en estos meses hubo otro hecho importante: las cartas de la princesa Juana.

---

[30] Para lo que acabamos de exponer sobre la salida de los jesuitas de Zaragoza, véase el manuscrito de ÁLVAREZ, cap. 58, 381-385 y la *Historia* de ASTRAIN t. I, 455-456.

[31] Carta de Alfonso Román a Ignacio, desde Zaragoza, el 13 de agosto de 1555 (MHSI, *Epp. Mixtae*, t. IV, 799-814).

[32] Para este tiempo de Pedrola también puede consultarse lo siguiente: manuscrito de Álvarez, cap. 59, 385-387; carta de Alfonso Román a Polanco el 29 de agosto de 1555, desde Zaragoza (MHSI, *Epp. Mixtae*, t. IV, 829). Tiene particular interés la pintoresca carta del P. Juan Queralt al provincial Francisco Estrada. Queralt le escribe el 3 de agosto desde Zaragoza, adonde había llegado sudoroso y hambriento después de caminar 7 leguas y sin saber la situación de la Compañía en la ciudad. Describe con detalle las peripecias que pasó en la ciudad y cómo encontró a Aldonza González de Villasímplez y a la esposa de su hermano Juan Luis (MHSI, *Epp. Mixtae*, t. IV, 767-773).

Cartas de la princesa Juana de Austria

Este hecho y el anterior, nada fáciles de simplificar, tuvieron lugar simultáneamente en el espacio de una semana: entre el 26 de julio y el 2 de agosto de 1555. Ocurrieron en paralelo y a distancia –Zaragoza y Valladolid– y sin claro nexo causal entre ambos. En el resumen que aquí presentamos nos valdremos del manuscrito de Álvarez[33] y sobre todo de la correspondencia contemporánea publicada en *Monumenta*.

La princesa Juana de Austria, hermana de Felipe II y viuda del príncipe heredero de Portugal, Juan Manuel, se encontró siendo regente de España a sus 20 años de edad, a causa de la ausencia de su hermano en Flandes e Inglaterra, adonde había ido a contraer matrimonio con María I Tudor.

La residencia habitual de la Corte de España estaba en Valladolid. Como ya hemos dicho, allí se encontraba en estos meses de 1555 el P. Francisco de Borja, a quien la princesa profesaba un gran aprecio y confianza como asesor espiritual.

La información que Juana recibía de los problemas de Zaragoza –sobre todo a partir de la persecución originada el 17 de abril– era suficiente para que, viendo ella la indefensión de los jesuitas, a pesar de sus intentos de mostrar la documentación pontificia que legitimaba su acción sacerdotal en la ciudad, decidiera tomar cartas en el asunto e intervenir directamente, como regente de España ante las autoridades zaragozanas, tanto civiles como eclesiásticas.

Esta intervención se tradujo en –al menos– 11 cartas que constan en el epistolario de *Monumenta* de 1555 y a las cuales hemos tenido acceso.

Las cinco primeras cartas están fechadas el 25 de junio. Luego, hay otras seis, menos agrupadas, entre el 27 de julio y el 28 de octubre.

---

[33] G. Álvarez, *op. cit.*, libro I, cap. 56-58, 368-385.

En cuanto a los destinatarios, observamos que a cinco de
ellos les escribe una sola vez, y estos son: Juan de Lanuza IV,
Justicia de Aragón; Hernando de Aragón, arzobispo de Zaragoza; Lope Marco, abad de Veruela y vicario del arzobispo;
Pedro Agustín, obispo de Huesca, y Gaspar Camacho, regente
del Consejo de Aragón. Sin embargo, las seis cartas restantes
se las escribe al virrey de Aragón, Diego Hurtado de Mendoza,
duque de Francavila, entre el 25 de junio y el 28 de octubre de
1555.

Las cinco cartas del 25 de junio van dirigidas a todos los
mencionados excepto a Gaspar Camacho. Para las cinco cartas
hemos de considerar que la princesa todavía no estaría infor-
mada de la ejecución de las excomuniones, pues estas fueron
intimadas el 9 de junio –a los feligreses de los jesuitas– y el
23, a los jesuitas mismos. Pero en esas cartas sí que alude a la
amenaza de excomunión para quienes asistan a los oficios religiosos que celebran los jesuitas en su pequeña iglesia o capilla.

De las cartas del 25 de junio consideramos como más importantes las que escribe al arzobispo, a su vicario Lope Marco
y al virrey. En la dirigida al arzobispo, después de aludir a lo
que sucedió en abril a instancia de los agustinos y de los clérigos de las parroquias próximas, le dice:

> «… os rogamos y encargamos encarecidamente que, luego que
> esta nuestra carta os fuere presentada, proveáis y deis orden
> cómo la dicha provisión, por vuestro vicario general provista,
> se revoque, y se mande en las parroquias e iglesias, donde se
> leyó y fijó aquella, que los que quisieren oír los divinos oficios
> en la casa de dicha Compañía de Jesús lo puedan hacer sin
> algún impedimento o incurrimiento de censuras»[34].

En la dirigida al vicario Lope Marco, la regente Juana le
expresa sin paliativos

---

[34] Carta de la regente Juana al arzobispo de Zaragoza, el 25 de junio de
1555, desde Valladolid (MHSI, *Epp. Mixtae*, t. IV, 708).

«… que vos, como vicario general del arzobispo, habéis decernido y proveído cierta provisión, a instancia del prior de S. Agustín y vicarios de la Magdalena y S. Miguel de los Navarros, por la cual amonestáis y mandáis, so pena de excomunión, que ninguno vaya a oír los oficios divinos en la casa que tienen comprada los religiosos de la orden y Compañía de Jesús». Añade que también le escribe al arzobispo para que «haga revocar la dicha provisión, a satisfacción de la dicha orden de Jesús (…) permitiendo y consintiendo a los dichos religiosos que libremente sirvan a Dios, digan y celebren los divinos oficios en la dicha casa, sin impedimento ni contradicción de nadie»[35].

En la carta al virrey, a quien le saluda como «*Ilustre Duque primo*», le echa en cara que el escrito de amenaza de excomunión que pusieron durante la celebración solemne del 17 de abril lo hicieran «hallándoos vos y otras personas principales presentes en los divinos oficios cuando fijaron la dicha provisión»; le encarga que le entregue al arzobispo la carta que le adjunta y que le pondere

«… de parte de su majestad que su real voluntad y la nuestra es que los dichos religiosos y Compañía sean amparados y defendidos, y que nadie les impida la continuación de su orden y religión y Compañía, pues aquella está aprobada por la sede apostólica y sumos pontífices, muy favorecida y privilegiada con grandes privilegios y preeminencias, los cuales han sido en su sacro y supremo consejo de su majestad vistos y reconocidos» y, además, refiriéndose siempre al arzobispo, agrega: «y si viereis que pone alguna dificultad o estorbo, o no lo hace de manera que la dicha orden y Compañía y religiosos de ella queden muy satisfechos, le desengañaréis que no lo hemos de consentir ni permitir»[36].

---

[35] Carta de la regente Juana al abad de Veruela, Lope Marco, vicario del arzobispo, el 25 de junio de 1555, desde Valladolid (MHSI, *Epp. Mixtae*, t. IV, 710).

[36] Carta de la regente Juana al virrey de Aragón, Diego Hurtado de Mendoza, el 25 de junio de 1555, desde Valladolid (MHSI, *Epp. Mixtae*, t. IV, 711-712).

Este era el tono de la princesa regente.

En las otras dos cartas del 25 de junio el tono, obviamente, es diferente, pues la actitud y responsabilidad de los destinatarios ante los hechos en cuestión, es otra. En la que dirige al Justicia de Aragón, Juan de Lanuza IV, Juana le hace ver que ella está al tanto de los sucesos acaecidos en Zaragoza contra los de la Compañía, y añade:

«... nos ha parecido (...) encargaros con mucho encarecimiento que, en todo lo que tocare a los dichos religiosos, deis el favor que convenga para que, conforme sus bulas, indultos y privilegios, ellos puedan libremente residir en la dicha casa que tienen en la dicha ciudad, y servir a Dios en ella»[37].

En la que escribe al obispo de Huesca, Pedro Agustín, se congratula de que haya aceptado ser el juez conservador de la Compañía; le comunica que le ha escrito al arzobispo para que deponga su actitud y le encarga que «si no lo hiciere y os pusiere en ello algún impedimento (...) no dejéis vos de amparar y defender a los dichos religiosos, y proceder por la vía y orden que debéis hacer»[38].

Por tanto, en estas cinco cartas, la regente Juana, lejos de poner en duda los derechos de la Compañía de Jesús, los refuerza con firmeza y exige a los responsables civiles y eclesiásticos de la ciudad que respeten esos derechos, que no molesten a los jesuitas para que sigan viviendo donde están y les faciliten su ejercicio sacerdotal en Zaragoza.

Contando 8 o 10 días de tardanza para un correo que tendría servicio preferente, las cartas pudieron llegar a Zaragoza hacia el 5 de julio, pero no lo podemos asegurar. Lo cierto es que el día 12 de julio se puso en entredicho la ciudad, como ya hemos visto.

---

[37] Carta de la regente Juana al Justicia de Aragón, Juan de Lanuza IV, el 25 de junio de 1555, desde Valladolid (MHSI, *Epp. Mixtae*, t. IV, 703-705).

[38] Carta de la regente Juana al obispo de Huesca, Pedro Agustín, el 25 de junio de 1555, desde Valladolid (MHSI, *Epp. Mixtae*, t. IV, 713-715).

A mediados de julio se intercalan dos cartas interesantes. Francisco de Borja escribe a Ignacio desde Simancas el mismo día que se impone el entredicho en Zaragoza, sin poder conocer ese hecho. El P. Luis de Santander, cuatro días después, escribe desde Zaragoza a Polanco, secretario de Ignacio.

Borja supone que Ignacio está enterado de la situación, y añade: «De acá [la Corte] se ha favorecido el negocio muy bien con el favor divino, y esperamos que ha de ser para mayor bien de la Compañía»[39]. Entendemos estas palabras como alusión a las cartas de Juana, que sin duda Borja conocería; pero para esa fecha, Borja, difícilmente podía tener noticia del efecto que habían producido.

La carta del P. Luis de Santander a Polanco, a la que hemos aludido en otro lugar, incluye esta frase: «… y dado que de la corte se trajeron buenos despachos, han aprovechado poco», lo cual da a entender que ya han llegado las cartas de Juana pero que los destinatarios han hecho caso omiso y han impuesto el entredicho[40].

Por todo ello no es de extrañar que la regente Juana, un mes después de sus primeras cartas, escriba a una sexta persona: el regente del Consejo de Aragón, Gaspar Camacho. En ella le dice que, habiendo enviado mandatos para revocar lo hecho contra la Compañía, comprueba que «según hemos entendido, no han sido obtemperados; antes dice que se ha procedido después acá por el dicho arzobispo y sus oficiales más suelta y atrevidamente»[41]. O sea: las autoridades eclesiásticas no solo no han hecho caso, sino que han ido demasiado lejos. Juana le encarga a Camacho encarecidamente –esta vez poniendo plazo– que urja al arzobispo y al

---

[39] Carta de Borja a Ignacio, el 12 de julio de 1555, desde Simancas. (MHSI, *Borgia*, t. III, 221).

[40] Carta de Luis de Santander a Polanco, el 16 de julio de 1555, desde Zaragoza (MHSI, *Epp. Mixtae*, t. IV, 726).

[41] Carta de la regente Juana, el 27 de julio de 1555, a Gaspar Camacho, desde Valladolid (MHSI, *Epp. Mixtae*, t. IV, 743-747).

vicario Lope Marco para que obedezcan a lo que ella les ordenó, y que «… dentro del término de tres días haga que se cumplan los indultos apostólicos concedidos a la dicha orden y Compañía de Jesús y los ejecutoriales de ellos, y revoque lo contra ellos hecho»[42].

Tres días después, Francisco de Borja vuelve a escribir a Ignacio sobre lo de Zaragoza: «Lo que sobre aquel negocio pasa es que todavía prosigue el Arzobispo en lo comenzado, que es cosa de espanto ver cuán de veras ha tomado la contradicción de aquella obra nuestra que allí se comenzaba para mayor gloria divina»[43].

Durante el mes de agosto de 1555, la regente Juana escribe otras cuatro cartas al virrey de Aragón. En una de las dos primeras, datadas el 1 de agosto, le llega a decir que el abad de Veruela, Lope Marco, se presente en la Corte, y que si el abad no quisiera hacerlo «informaros habéis qué orden se podría tener para traerlo por fuerza y a su pesar»[44].

En la carta del 5 de agosto se ve que ya ha llegado a la regente la noticia de la salida de los jesuitas de Zaragoza y de su acogida en Pedrola, pues se queja al virrey de que lo hayan consentido y le urge para que, cuanto antes, los de la Compañía regresen. Juana expresa «el sentimiento que con razón hemos tenido que vos y esa ciudad de Zaragoza hayáis permitido que los de la Compañía de Jesús hayan salido de la dicha ciudad, para que procuréis y deis orden por todas las vías y formas que ser pueda, que vuelva a ella»[45].

Es interesante ver que en estos mismos días de agosto es cuando el P. Román escribe su larga carta a Ignacio en la que

---

[42] *Ibid.*

[43] Carta de Borja a Ignacio, el 30 de julio de 1555, desde Simancas (MHSI, *Borgia*, t. III, 231-236).

[44] Carta de Juana al virrey, el 1 de agosto de 1555, desde Valladolid (MHSI, *Epp. Mixtae*, t. IV, 764-765).

[45] Carta de Juana al virrey, el 5 de agosto de 1555, desde Valladolid (MHSI, *Epp. Mixtae*, t. IV, 773-774).

alude a la obstinación del arzobispo, a pesar de las cartas de la regente Juana:

«… el arzobispo no ha querido obedecer a nuestras bulas, que se le presentaron con auto, y a sus oficiales, ni a un breve del nuncio, que proveyó sobre este negocio en nuestro favor, ni ha guardado la provisión del consejo real, *ni querido en nada hacer lo que la princesa en muchas letras en nuestro favor le ha mandado*»[46].

En la que la que Juana escribe al virrey el 24 de agosto, la regente manifiesta su enojo porque, en lugar de ir a Valladolid el abad de Veruela, el arzobispo ha enviado al canónigo del Pilar Diego de Espés:

«El arzobispo de Zaragoza envió aquí al doctor Espés para darnos razón por su parte de lo que ha hecho en los negocios de la Compañía de Jesús, y *no solamente no le quisimos oír, pero le mandamos salir luego de esta villa*, y le hicimos decir que en estos negocios no quiero oír a otro alguno, ni tratarlos, sino con el abad de Veruela»[47].

Queda todavía una carta –la última, que sepamos– de Juana al virrey, es decir, la undécima que la regente escribe a las autoridades zaragozanas en favor de la aceptación legítima de la Compañía de Jesús en la ciudad. La escribió a finales de octubre de 1555, cuando los jesuitas ya habían podido regresar de Pedrola y podían llevar su vida en Zaragoza con suficiente sosiego. La regente Juana lo sabe. A pesar de todo, le sigue insistiendo al virrey

---

[46] Carta de Alfonso Román a Ignacio, desde Zaragoza, el 13 de agosto de 1555 (MHSI, *Epp. Mixtae*, t. IV, 807). La cursiva es nuestra.

[47] Carta de Juana al virrey, el 24 de agosto de 1555, desde Valladolid (MHSI, *Epp. Mixtae*, t. IV, 820). Como se indica en la nota 1 a esta carta, este Diego de Espés nada tiene que ver con su homónimo maestro don Diego de Espés, autor de la *Historia Eclesiástica de la ciudad de Zaragoza*. La cursiva es nuestra.

que consiga que el abad de Veruela vaya a entrevistarse con ella en Valladolid y le echa en cara, con asombro, que él haya dado lugar «al abad que no venga, de que nos maravillamos»[48].

Llegados a este punto, la verdad es que recorriendo todas estas cartas, cuya insistencia en el mismo tema puede resultar tediosa, caben algunas consideraciones.

El interés de Juana por la Compañía de Jesús no puede ser más evidente, y se explica conociendo, como hoy conocemos, su secreta identidad de jesuita, dato totalmente oculto en su época[49]. Lo que llama la atención es que, sabiendo que en Zaragoza estaban cambiando las circunstancias a favor de los jesuitas, ella permanezca inamovible en su exigencia hacia el abad Lope Marco. Podría dar la impresión de que el bienestar de la Compañía en Zaragoza le interesa tanto como ser obedecida por el vicario del arzobispo.

Regreso a Zaragoza

Durante el mes de agosto de 1555 van cambiando las cosas. Hemos de pensar que las cartas de la regente Juana, aunque no

---

[48] Carta de Juana al virrey, el 28 de octubre de 1555, desde Valladolid (MHSI, *Epp. Mixtae*, t. V, 44-45).

[49] Juana de Austria (1535-1573), hija de Carlos V e Isabel de Portugal y hermana de Felipe II, desde joven mostró gran aprecio por la Compañía de Jesús. Casada con el príncipe heredero de Portugal, Juan Manuel, quedó viuda el 2 de enero de 1554. Un par de años antes, estando en Toro en 1552, había hecho de forma abreviada los Ejercicios espirituales con la orientación de Francisco de Borja. Ya viuda, manifestó su deseo de hacer los votos religiosos en la Compañía, cosa que Ignacio, después de consultarlo detenidamente, le concedió por carta del 3 de enero de 1555 (MI, t. VIII, 235). Para mantener en secreto su ingreso en la Compañía, en el epistolario jesuítico de la época se alude a ella bajo el seudónimo de «Mateo Sánchez». Juana se fue inclinando hacia las monjas clarisas y fundó en 1557 el monasterio de las Descalzas Reales en Madrid, donde fue sepultada, pero nunca dejó la Compañía. Por tanto, fue la única mujer jesuita hasta su muerte. (Véase: *Diccionario Histórico de la Compañía de Jesús*, t. III, 2159-2160).

consiguieron del todo lo que la princesa pretendía, tuvieron que hacer su efecto: ella era la autoridad máxima en España.

Tenemos un interesante testimonio del P. Tablares en el mes de agosto. No consta la fecha exacta, pero por datos indirectos debió de escribirla antes del día 20. Tablares, que probablemente estaba con el virrey en la Aljafería mientras sus compañeros seguían en Pedrola, se dirige a Ignacio en estos términos:

> «Hoy han venido a mi cámara el oficial del arzobispo y el doctor Rodríguez, con el señor obispo de Huesca, y me dijo el doctor Rodríguez, en presencia de los dichos, estas palabras: Yo fui a hablar hoy al arzobispo, y le dije que vosotros teníais mucha justicia, y que había visto vuestras bulas, las cuales derogan al mare magnum de los frailes y a todas las demás; por lo cual podríais muy bien edificar dentro del término (…) y las excomuniones, censuras y entredichos contra vosotros puestos, son nada. Yo le dije: Pues ¿por qué vuestra merced nos ha perseguido? Respondió: *Porque he sido mal aconsejado*; mas yo os prometo que de aquí adelante yo haga publicar por todas las iglesias cómo no habéis tenido culpa, ni os han perjudicado las censuras; y haré que se quiten de las puertas de las iglesias, y *que se revoque todo lo que contra vosotros se ha hecho*»[50].

De esta carta se hace eco Francisco de Borja cuando le escribe a Ignacio en el mismo mes[51].

«Porque he sido mal aconsejado»: palabras que probablemente ocultan la verdadera razón de la aversión del arzobispo y de su vicario hacia los jesuitas, pero que al menos indican una disposición al cambio de actitud.

---

[50] Carta_de Tablares a Ignacio, en agosto de 1555, desde Zaragoza (MI, t. XII, 510). La cursiva es nuestra.

[51] «La suma de lo que al presente se ofrece es, que ya busca el arzobispo medios para venir en buen concierto. Envío un capítulo que recibí anoche del P. Tablares, por el cual entenderá V. P. lo que pasa». Carta de Borja a Ignacio, el 23 de agosto de 1555, desde Simancas (MHSI, *Borgia*, t. III, 239).

La revocación de «todo lo que contra vosotros se ha hecho» tuvo su expresión en un importante texto que no se recoge en las cartas contemporáneas pero que conocemos a través del manuscrito de Álvarez y de la *Historia* de Astrain. Dada su importancia transcribimos lo más significativo del mismo con algún breve comentario nuestro:

> «Nos Don Lope Marco, Abad de Veruela y Vicario general en lo espiritual y temporal del Ilmo. y Rvmo. Sr. D. Hernando de Aragón, por la divina misericordia Arzobispo de Zaragoza, a los amados en Cristo, los Priores, Rectores, Vicarios y otros Clérigos curados y no curados por la Ciudad y diócesis de Zaragoza (…) sepáis que en días pasados a instancia y requisición del Vicario de la Magdalena y del Rector de San Miguel de los Navarros (…) y del Monasterio de San Agustín de la dicha Ciudad, concedimos unas letras monitorias y publicatorias por las cuales amonestábamos a vuestros Parroquianos (…) que a las dichas casas de Sancho de Francia, que compraron los de la Compañía de Jesús (…) no fuesen, ni concurriesen a dichas casas a oír dichas misas, ni oficio en ninguna manera (…) y si lo contrario se hacía, dimos y promulgamos sentencia de excomunión contra los dichos vuestros Parroquianos, (…) las cuales fueron hechas en la dicha Ciudad de Zaragoza a 17 días del mes de Abril de este presente año, y de nuestro mandamiento fueron publicadas por voz en dichas vuestras Iglesias en un día de Domingo fiesta de la Trinidad a 9 días del mes de Junio».

Hasta aquí, el vicario Lope resume ampliamente lo sucedido a partir del memorable miércoles de Pascua 17 de abril, cuando los jesuitas celebraron la primera misa solemne, como ya hemos relatado. Y prosigue diciendo:

> «Y como hayamos entendido, y entendamos ahora, que los dichos de la Compañía de Jesús (…) pueden y deben celebrar, decir, hacer y predicar, y hacer y administrar los sacramentos de la penitencia y comunión por la autoridad Apostólica,

> a ellos por la feliz recordación del Papa Paulo III concedida,
> y por Julio Papa III confirmada (…) casamos, revocamos y
> anulamos las dichas letras y excomunión y censuras, y (…)
> mandamos a vosotros, los susodichos, y a quien las presentes
> dirigimos en virtud de santa obediencia, y so pena de exco-
> munión, que las dichas letras, excomunión y censuras, y su
> efecto con lo de allí subseguido, tengáis y hayáis por revoca-
> das, casas y ningunas y de ningún valor (…) y por tales las
> publicad en las dichas vuestras Iglesias»[52].

No deja de ser chocante que el propio Lope Marco, vicario del arzobispo, amenace ahora con la pena de excomunión a quienes molesten a los jesuitas.

La fecha de promulgación de este edicto en los púlpitos de las iglesias zaragozanas fue el domingo 8 de septiembre[53]. Esta fecha puede considerarse como el día en que la Compañía de Jesús fue oficialmente admitida en la ciudad de Zaragoza.

Podemos dar por seguro que, unos días antes de la promulgación del edicto del vicario Lope Marco, ya sabían los jesuitas que podían regresar a Zaragoza porque, de no ser así, no se explica que al día siguiente –9 de septiembre– realizaran su regreso. El relato más próximo a los hechos, como ya hemos indicado, es la carta del P. Román a Ignacio escrita ocho días después, el 17 de septiembre. Otros relatos, incluso con mayores detalles, los tenemos en el manuscrito de Gabriel Álvarez y en

---

[52] G. Álvarez, *op. cit.*, libro I, cap. 60, 391-392. La fecha que pone Álvarez al pie del documento es el 15 de julio de 1555, lo cual es erróneo: no es posible que tres días después de imponer el entredicho en Zaragoza se publicase este edicto pues, de ser así, los jesuitas no se hubieran ido a Pedrola.

[53] Así consta por Astrain (*Historia…* t. I, 460) y también –lo cual es más cercano a los hechos– por la carta que el P. Alfonso Román escribe a Ignacio el 17 de septiembre: «… que se publicaron con las que he dicho del vicario general el día de la natividad de nuestra Señora por las iglesias de la ciudad» (MHSI, *Epp. Mixtae*, t. IV, 851). Que ese día fue domingo lo sabemos porque el calendario de 1555, a partir del 1 de marzo y al menos hasta el 4 de octubre, coincide con el de 2024 en cuanto a días del mes y de la semana, pero no en la fecha de la Pascua.

la obra de Antonio Astrain. Aquí resumiremos lo que consideramos más significativo del importante suceso[54].

Los jesuitas querían regresar a Zaragoza del modo más dis-
creto posible para evitar cualquier pompa y solemnidad. Los
amigos de la Compañía y, más en concreto, Micer Agustín del
Castillo, jurado mayor, y el juez conservador de los jesuitas,
don Pedro Agustín, obispo de Huesca, se proponían todo lo
contrario. Les dieron a conocer a los jesuitas la voluntad de
Francisco de Borja de que acataran su deseo y, por pura obediencia, los jesuitas cedieron y siguieron el ceremonial previsto
por las autoridades de la ciudad.

Así, a primeras horas de la mañana del lunes 9 de septiembre los jesuitas llegaron al convento de los trinitarios del
Portazgo de San Lamberto, donde ya les esperaban numerosos caballeros que los acompañaron hasta el Portillo, donde se
organizó la comitiva. Allí se encontraban los magistrados de la
ciudad, el obispo de Huesca, el abad de Veruela, Lope Marco,
vicario general del arzobispo, y otros muchos. Se organizan de
modo que cada jesuita cabalgue entre dos de ellos. El superior,
P. Alfonso Román, entre el Justicia, Juan de Lanuza IV y Micer
Agustín del Castillo, jurado mayor; el P. Luis de Santander,
entre el Maestre Racional, Gonzalo Paternoy, y el conservador
real de Aragón, Juan Luis González de Villasímplez; el P. Baltasar Piñas, entre el jurado segundo y el Justicia ordinario de
Zaragoza, que llaman Zalmedina.

Después del largo recorrido por el Coso llegan a las casas
que fueran de Sancho de Francia, donde los jesuitas tenían su
vivienda y capilla, que los devotos se habían encargado de
tenerla limpia y aseada.

---

[54] Para quien desee mayor información, la ubicación de las fuentes mencionadas es la siguiente: Carta del P. Alfonso Román a Ignacio, el 17 de septiembre
de 1555, desde Zaragoza (MHSI, *Epp. Mixtae*, t. IV, 851-854). Manuscrito de
G. Álvarez (*op. cit.*, libro I, cap. 61, 395ss.). A. Astrain (*Historia…*, t. I, 461-
462). D. de Espés (*Historia Eclesiástica…*, 927).

Como gesto llamativo, según escribe Román, cuando llegaron al lugar, el abad Lope Marco «pidiéndole nosotros la mano, nos abrazó con mucho amor a cada uno por sí»[55]. Gesto del vicario del arzobispo que, conociendo la historia, no estaría exento del deseo de apaciguar el enojo de la regente Juana, cuando ella recibiera la noticia, y evitar así Lope su ida a la Corte.

En la capilla esperaban a los jesuitas uno de los inquisidores, pues el otro estaba ausente, y el virrey, Diego Hurtado de Mendoza, duque de Francavila. Celebró la misa el obispo de Huesca, Pedro Agustín y no hubo sermón porque ya era muy tarde. Recordemos que en esta misma capilla se había celebrado el 17 de abril la misa solemne que desencadenó una persecución que había durado casi cinco meses.

Los jesuitas ya establecidos en su casa, hicieron su primera salida para saludar al arzobispo, Hernando de Aragón. Según cuenta Román, «habiendo a Su Señoría besado las manos, no tuvimos lugar de estar con él porque quería oír misa, y quedó con nosotros el abad de Veruela, que posa con el mismo arzobispo, digo en su misma casa»[56]. No sabemos si el arzobispo tenía verdadera prisa o todavía le resultaba violento estar cara a cara con los jesuitas. También sorprende que, según le dijeron a Román unos días después «dijo el arzobispo, que ¿por qué no habían de favorecer nuestra justicia, pues estaba también de por medio su sobrino, que es el P. Francisco?»[57]. Preguntamos: ¿ahora menciona su parentesco con Francisco de Borja, cuando años antes Hernando de Aragón ni siquiera le contestó a su importante carta?

Con todo, la entrevista de los jesuitas con el vicario Lope Marco fue satisfactoria. El vicario les dio amplias licencias para ejercer el ministerio sacerdotal, facilitó que el P. Santander

---

[55] Carta del P. Alfonso Román a Ignacio, el 17 de septiembre de 1555, desde Zaragoza (MHSI, *Epp. Mixtae*, t. IV, 853).

[56] *Ibid.*, 854.

[57] *Ibid.*, 855.

predicase en el templo del Pilar a pesar de las protestas que todavía manifestaron los agustinos y los canónigos de La Seo que, al parecer, eran de su misma regla. No llegó la sangre al río, aunque los agustinos siguieron molestando y urdiendo insidias contra la Compañía durante varios años.

8

Sucesos finales

El tema que venimos desarrollando en este estudio daría de sí para continuar abundando en numerosos detalles. Por razones obvias, ha llegado el momento de cerrar esta obra reseñando todavía cuatro puntos de los años 1555-1557.

No desaparecen las dificultades

Es verdad que la Compañía estaba aceptada en Zaragoza, tanto por la autoridad civil como por la eclesiástica, pero se comprende que el edicto del arzobispo a través de su vicario no fuera suficiente para cambiar, de la noche a la mañana, el sentir de los clérigos y de los conventuales. Esto nos lo dice con su estilo gráfico y vivaz el P. Francisco de Rojas. Había salido de Zaragoza en el mes de marzo de 1555, antes de que estallase la tormenta, pero volvió unos días a Zaragoza, en octubre de ese año, por indicación de Francisco de Borja, vista la situación en la ciudad.

En su carta a Ignacio, Rojas dice que se ha entrevistado tres veces con el arzobispo –cosa insólita en otros tiempos– y que ha comprobado su actual benevolencia hacia la Compañía. Afirma asimismo que por parte de la regente Juana «se aprieta el cordel, perseverando en llamar al Abad de Veruela, porque es el mayor tormento que al uno y al otro [el arzobispo] se les puede dar»[1].

---

[1] Carta de Rojas a Ignacio, el 28 de octubre de 1555, desde Zaragoza (MHSI, *Epp. Mixtae*, t. V, 805-806).

Pero cuando habla del ambiente ciudadano, de los clérigos y conventuales y del pueblo en general, el tono es muy diferente:

«Todos los clérigos de todas las parroquias no parece sino que están conjurados contra nosotros (...) no nos hablan ni miran al rostro; y cuando nos topan por las calles, diviértense por otra parte. De todos los religiosos digo lo mismo (...). El pueblo común ha quedado tan alborotado (...) y indignado contra la Compañía, y con tan mala opinión, por las malas informaciones que frailes y clérigos les han hecho, que por suma injuria se llaman entre ellos iñiguista»[2].

No es de extrañar esto que nos cuenta Rojas. Los hábitos de conducta grupal mantenidos durante años tienen una enorme inercia, aunque la autoridad competente diga otra cosa.

El sentir de Ignacio de Loyola

Hemos de recordar, una vez más, que la tardanza de la correspondencia con Roma dificultaba mucho el seguimiento de los sucesos de Zaragoza por parte de Ignacio. Si a esto añadimos la muerte de dos pontífices en un mes y la falta de simpatía del nuevo papa hacia la Compañía, no es de extrañar la escasez de cartas desde Roma. A veces, con una carta daban respuesta a dos o tres.

Hay unos datos interesantes en otra carta de Alfonso Román a Polanco del 1 de noviembre de 1555. Alude a la que él mismo, Román, escribió a Ignacio el 17 de septiembre, de la cual hemos citado importantes párrafos en el capítulo anterior. Añade que le ha llegado recientemente –recordemos que Román está escribiendo el 1 de noviembre– una carta de Ignacio del 17 de junio, con lo cual, comenzado noviembre Román no

---

[2] Carta de Rojas a Ignacio, el 28 de octubre de 1555, desde Zaragoza (MHSI, *Epp. Mixtae*, t. V, 806).

sabe si Ignacio está o no enterado del regreso de los jesuitas a Zaragoza el 9 de septiembre. Román supone que habrá sido por fallos del correo.

En una carta de Ignacio, el 7 de noviembre, a Jerónimo Nadal, Ignacio le dice que recibió la carta de Román del 17 de septiembre y que, por ella, está enterado –dos meses después– de que «la cosa se ha remediado muy honorablemente»[3].

Por fin, el 26 de noviembre de 1555 escribe Ignacio a Román este importante texto que incluimos en esta obra, porque refleja el sentir de Ignacio acerca de los sucesos de Zaragoza, sentir que no coincide con el habitual en situaciones de persecución y posterior liberación:

«Recibimos vuestras letras de 13 de Agosto y 17 de Septiembre, y con las unas y las otras tuvimos mucha ocasión de *alabar a Dios N. S. por haceros dignos de padecer y gustar algo de su cruz, dándoos buen ánimo y paciencia para llevarla*, y por la consolación que a nuestros amigos espirituales se dio, y edificación a esa ciudad con la restitución que se os hizo; aunque, como con el gusto del primero se mezclaba el disgusto del escándalo, o desedificación de muchos de esa ciudad, así el sabor de lo segundo se templa con el habérseos quitado una grande materia de merecimiento ante Dios N. S. A él plega [plazca] que con toda adversidad y prosperidad sepamos y podamos siempre servirle y glorificarle. Amén».

«Viendo que el Rvmo. Señor Arzobispo, después de informado mejor de nuestras cosas, se nos ha mostrado tan favorable y protector, holgaría que vos, o si ahí se hallare el P. Francisco, de mi parte le beséis las manos por ello, y le supliquéis que a los de allá y de acá nos tenga todos por hijos y siervos en el Señor nuestro, y que se sirva de los unos y los otros como

---

[3] El texto, en italiano, dice así: «*per lettere de 17 de Settembre de Vagladolid e di Sarigosa sappiamo che la cosa è stata remediata molto onorevolmente*». Carta de Ignacio a Jerónimo Nadal, el 7 de noviembre de 1555 (MI, t. X, 99-101).

de tales a gloria divina. *La intención de Su Sría. Rvma. y del señor Abad su Vicario, yo la he siempre excusado,* como también la de muchas personas de esa ciudad, *persuadiéndome sea buena y santa, aunque las informaciones en que se fundaba no lo fuesen*»[4].

Este admirable texto refleja que Ignacio vive en un estado interior de tal identificación con la pasión de Cristo por nosotros, que las contrariedades y persecuciones de esta vida son motivo de agradecimiento porque le unen más al misterio de la cruz y resurrección del Señor.

Muerte de Ignacio de Loyola: 31 de julio de 1556

Es consabida la fortaleza de ánimo del fundador de la Compañía de Jesús y también la precariedad de su salud, manifestada en dolores de estómago –así decían– e indisposiciones que necesariamente lo retenían en el lecho. Sin embargo, en el mes de julio de 1556 no daba la impresión de encontrarse mal.

El día 14 de julio –quince días antes de su muerte– está datada la última carta que conocemos de Ignacio dirigida a Zaragoza al P. Alfonso Román. Está en la misma línea que la que le escribió en noviembre del año anterior:

«Según lo que suele experimentar, que donde hay mucha contradicción se sigue mucho fruto y aun se suele fundar mejor la Compañía, parece que ahí habría de haber un grande y señalado edificio espiritual, pues que han echado tan altos fundamentos de las contradicciones; y así es de esperar en Dios Nuestro Señor lo hará»[5].

---

[4]   Carta de Ignacio a Alfonso Román, el 26 de noviembre de 1555 (MI, t. X, 214-215). La cursiva es nuestra.
[5]   Carta de Ignacio de Loyola al P. Alfonso Román, superior de Zaragoza, el 14 de julio de 1556 (MI, t. XII, 119).

Pasados unos días después de esta carta, Ignacio se sintió muy mal y el jueves 30 de julio, hacia las 20 horas, le pidió a Polanco que fuese a San Pedro para decírselo al papa y pedirle su bendición, para él y para Laínez, que estaba muy enfermo. Polanco consultó a los médicos presentes y, siguiendo su parecer, dejó el encargo para otro día.

A la mañana siguiente –continúa Polanco–:

> «… al salir del sol, hallamos al Padre in extremis; y así yo fui con prisa a San Pedro, y el Papa, mostrando dolerse mucho, dio su bendición y todo cuanto podía dar, amorosamente. Y así, antes de dos horas de sol, estando presentes el P. Doctor Madrid y el Maestro Andreas de Frusis, dio el ánima a su Criador y Señor, sin dificultad ninguna»[6].

La primera noticia escrita de que disponemos es la breve carta que ese mismo día escribe el secretario de la Compañía, Juan de Polanco, a Nicolás Bobadilla, que se encontraba en Tívoli, dándole la noticia y convocándole a Roma para elegir vicario[7].

La noticia de la muerte de Ignacio, obviamente, tardó en llegar a Zaragoza. La comunicación desde Roma estaba todavía más difícil por los barruntos de contienda entre el papa Paulo IV y Felipe II. Tenemos dos cartas que atestiguan que la noticia de la muerte de Ignacio llegó a España a mediados de septiembre de 1556.

Una, es la carta que Francisco de Borja envía al jesuita Diego Carrillo el 18 de septiembre desde Valladolid. En esta le dice Borja: «Padre, a 17 del presente recibí una letra del

---

[6] Carta de Polanco a Pedro de Ribadeneira, el 6 de agosto de 1556, (MHSI, *Scripta de Sto. Ignatio*, t. II, 20-21).

[7] «*Hoggi* [sic] *ha piaciuto alla divina bontà levarci di questa vita presente nuestro* [sic] *charissimo P. Mtro. Ignatio, che sia in gloria*». Carta de Polanco a Nicolás Bobadilla, el 31 de julio de 1556 (MHSI, *Scripta de Sto. Ignatio*, t. II, p.16).

P. Ribadeneira, de Flandes, de 6 del mismo, en que me daba aviso de la muerte de Nuestro Padre Ignacio»[8].

La otra, es la carta que dos días después escribe Jerónimo Nadal a Polanco, también desde Valladolid. Dice así: «Padre, tenemos la nueva, dos o tres días ha, del felicísimo tránsito de nuestro bienaventurado P. Maestro Ignacio, por parte del P. Ribadeneira, de Gante, a 6 de Septiembre»[9].

O sea: la noticia, para llegar a España, tuvo que dar un rodeo por los Países Bajos.

Inmediatamente se planteó el tema de la sucesión de Ignacio, lo cual obligaba a convocar Congregación General de los jesuitas profesos que representasen las distintas provincias de la Compañía. Por el momento, el P. Diego Laínez, soriano natural de Almazán y uno de los primeros compañeros de Ignacio en París, era el vicario en Roma para toda la Compañía.

En el mes de octubre de 1556, Francisco de Borja escribió a Laínez desde Alcalá de Henares. Le comunica que tanto en Portugal como en las provincias de España –no olvidemos que Borja era el comisario para todas ellas– estaban deliberando qué jesuitas debían asistir a la Congregación General. Respecto al lugar de celebración, también le dice Borja a Laínez: «diré libremente lo que siento. Y primero, cuanto a ser en Roma, pues Su Señoría lo manda, no hay que replicar; aunque acá parecía que era muy lejos para los de estas partes y se nos ofrecía que en Aviñón viniera muy a propósito»[10]. Al final, la Congregación General se tendría en Roma.

Comenzó entonces un largo tiempo de espera, motivado por la guerra entre el papa Paulo IV y Felipe II. Esto impidió que

---

[8] Carta de Borja a Diego Carrillo, el 18 de septiembre de 1556, desde Valladolid (MHSI, *Borgia*, t. III, 266).

[9] Carta de Nadal a Polanco, el 20 de septiembre de 1556, desde Valladolid (MHSI, *Natalis*, t. I, 345).

[10] Carta de Borja a Diego Laínez, el 28 de octubre de 1556, desde Alcalá de Henares (MHSI, *Borgia*, t. III, 267).

pudiesen viajar a Roma los jesuitas españoles que debían reunirse con los demás profesos para elegir al sucesor de Ignacio. Finalmente, casi dos años después de la muerte de Ignacio, pudo reunirse en Roma la primera Congregación General de la Compañía, en el verano de 1558, en la misma casa donde había fallecido Ignacio.

Eligieron como superior o, en lenguaje de Ignacio, como prepósito general de la Compañía de Jesús, al padre Diego Laínez, natural de Almazán en la provincia de Soria. Este comenzó su servicio a la universal Compañía el 2 de julio de 1558 a sus 46 años de edad.

Ampliación de la casa de Zaragoza

Concluimos este último capítulo basándonos en el relato manuscrito de Gabriel Álvarez que nos presenta, en tiempo de suficiente paz, la ampliación de la casa donde vivían los jesuitas. Han pasado dos años desde el regreso de los jesuitas a Zaragoza desde Pedrola. Estamos en 1557. El provincial de Aragón, Francisco Estrada, pasa una temporada en Zaragoza. Un buen día, del que no sabemos la fecha ni el mes, estando Estrada con Micer Diego Morlanes en la azotea de su casa «mirando por el contorno de ella descubrieron allí cerca un tejado que parecía serlo de alguna Iglesia (…) tomó a su cargo micer Morlanes el saber si lo era aquella, y vino al otro día muy contento y dijo, ya tenemos Iglesia a nuestro propósito»[11]. Se trataba de la antigua sinagoga de Zaragoza. Álvarez hace una minuciosa descripción del interior y de su policromía, aunque termina diciendo que «servía entonces no más que de tener tocinos»[12].

---

[11] G. ÁLVAREZ, libro I, cap. 71, 436. Podemos pensar que la azotea desde la que avistaron la antigua sinagoga era la del actual palacio de los Morlanes, que está enfrente de la iglesia de San Carlos.

[12] *Ibid.*, 437.

El mismo Diego Morlanes compró la antigua sinagoga y el corral vecino «en cuatrocientos escudos, y los pagó anticipadamente de su bolsa, y después los cobró de Mateo de Morrano que los dio de limosna a la Compañía, de la cual fue siempre insigne favorecedor y bienhechor»[13].

En cuanto pudieron, arreglaron el espacio interior y así quedó convertido en la iglesia de la Compañía dedicada a Nuestra Señora de Belén. Esta misma advocación mariana la aplicaron los jesuitas en Barcelona a su primera iglesia, localizada actualmente en las Ramblas como parroquia diocesana.

Quizás esta advocación estuviera relacionada, en ambos lugares, con la devoción que Ignacio tuvo en celebrar su primera misa en la basílica de Santa María la Mayor, en Roma, junto a la reliquia del pesebre.

Años más tarde, siguieron las reformas y se hicieron nuevas edificaciones, hasta culminar con el edificio de San Carlos que hoy contemplamos en Zaragoza: iglesia de la Inmaculada y primer colegio de la Compañía en nuestra ciudad.

Aquí concluimos nuestro relato dejando la puerta abierta a quienes deseen continuarlo.

---

[13] *Ibid.*

Epílogo

Este largo y detallado recorrido de los comienzos de la Compañía de Jesús en Zaragoza permitirá a cada lector sacar una conclusión diferente y una emitir una valoración distinta.

Para mí, personalmente, ha supuesto una experiencia muy rica entrar en contacto humano con las fuentes, en su mayoría contemporáneas a los hechos. Por eso quise dar a las cartas un protagonismo especial. Leer las cartas es acercarse a las personas con siglos de diferencia, adivinar su talante y temperamento, incluso entrever sus cualidades y defectos, y acercarse a sus dificultades y sufrimientos. Esta es la riqueza humana que encierra toda correspondencia escrita: los primeros jesuitas que iniciaron la presencia de la Compañía en Zaragoza eran, como todo ser humano, hombres de carne y hueso, no héroes ni dioses del Olimpo.

Ampliando la mirada, también en las cartas se palpan las dificultades de mantener la Compañía unida como un cuerpo, no solo por las distancias físicas sino por la diversidad de criterios ante una misma situación.

Igualmente he de afirmar que entre tantos vericuetos de esta historia he visto gestos de obediencia religiosa, de fidelidad y, en concreto por parte de Ignacio, gran perspicacia para el gobierno y fina delicadeza y humildad para reconocer que él no podía valorar a distancia las decisiones que había que tomar ante una coyuntura concreta.

En definitiva, las vicisitudes del primer colegio de la Compañía en nuestra ciudad no son tan diferentes de las actuales en la era digital.

Con razón decía Cicerón: *Historia, magistra vitae.*

Juan Jesús Bastero Monserrat, SJ

Zaragoza, octubre de 2024

Figura 3. Imagen de la Inmaculada Concepción que preside la parte central del retablo mayor de la iglesia homónima. Corresponde a la reforma barroca que se realizó entre 1723 y 1736, siendo encargado de las obras el hermano jesuita Diego de Lacarre.

Fotografía: Juan Jesús Bastero, SJ (2017).

Figura 4. Representación antropomórfica de la Trinidad, en la parte superior central del retablo mayor de la iglesia de la Inmaculada. En el centro de la escena, el Padre con el cetro; a su derecha, el Hijo con la cruz; a su izquierda, el Espíritu Santo con el atributo de la paloma. El retablo corresponde a la reforma barroca que se realizó entre 1723 y 1736, siendo encargado de las obras el hermano jesuita Diego de Lacarre.

Fotografía: Wenceslao Soto Artuñedo, SJ (2018).

Figura 5. Anagrama del nombre de Jesús con los tres clavos. Es el emblema propio de la Compañía. En este caso, añadido como motivo decorativo en la iglesia de la Inmaculada Concepción, en la reforma barroca que se realizó entre 1723 y 1736.

Fotografía: Vicente Aznar Mengual, SJ (2011).

Bibliografía

Álvarez, SJ, Gabriel (manuscrito), *Historia de la Provincia de Aragón de la Compañía de Jesús*, 2 tomos.

Astrain, SJ, Antonio (1902), *Historia de la Compañía de Jesús en la Asistencia de España*, tomo I. Sucs. Rivadeneyra, Madrid.

Borrás i Felíu, SJ, Antoni (1984), «Fundación del Colegio de la Compañía de Jesús de Zaragoza», en *La ciudad de Zaragoza en la corona de Aragón*, X Congreso de Historia de la Corona de Aragón, Zaragoza, Inst. Fernando el Católico, 167-187.

Bullarium Romanum (Bullarum, diplomatum et privilegiorum sanctorum romanorum pontificum taurinensis editio), obra en XXX volúmenes, t. VI, (1860).

Dalmases, SJ, Cándido (1983), *El Padre Francisco de Borja*, BAC Popular, Madrid.

Dormer, Diego José (1697), *Anales de Aragón desde el año MDXXV del nacimiento de nuestro Redemptor hasta el de MDXL*, por los herederos de Diego Dormer, año 1697.

Espés, Diego de (2019) *Historia eclesiástica de la ciudad de Zaragoza*, Institución Fdo. El Católico, Zaragoza.

Fernández Marco, SJ, Juan Ignacio (2011), *Notas históricas. Colegio de la Purísima (Zaragoza: 1547-1767)*, Mensajero, Bilbao.

Ferrer Benimeli, SJ, José Antonio (2020), «Origen del colegio de jesuitas de Zaragoza», en *Miscelánea Comillas*, vol. 78, núm. 152, 285-309.

GÓMEZ ZORRAQUINO, José Ignacio, «Los gobernadores del rei-no de Aragón (siglos XVI-XVII)», en *Revista de Historia Moderna* 32 (2014), Universidad de Zaragoza.

Gran Enciclopedia Aragonesa, (1980), Unión Aragonesa del Libro (UNALI), Zaragoza.

HERNÁNDEZ MONTES, SJ, Benigno, *Recuerdos ignacianos. Memorial de Luis Gonçalves da Câmara*, Mensajero-Sal Terrae, Bilbao-Santander.

HERRANDO PRAT DE LA RIBA, Ramón (1998), «El seminario de San Francisco de Paula de Zaragoza (I)», en *Cuadernos del Centro de Documentación y Estudios Josemaría Escrivá de Balaguer*.

LATASSA, Félix de (1884), *Bibliotecas antigua y nueva de escritores aragoneses. Aumentadas y refundidas... por Don Miguel Gómez Uriel*, Imprenta de Calixto Ariño, Zaragoza.

LOP OTÍN, Pilar (2016), «Nuevas aportaciones sobre el Colegio de las Vírgenes de Zaragoza: límites y evolución en los siglos XIX y XX», en *Artigrama* 31 (2016), 373-390.

MHSI (Monumenta Historica Societatis Iesu) Colección de documentos de la Compañía de Jesús, iniciada en 1903.

————, *Sanctus Franciscus Borgia. Quartus Gandiae Dux et Societatis Jesu*, vol. I-III, Madrid, 1894-1908.

————, *Fabri Monumenta*, Madrid, 1914.

O'NEILL, SJ, Charles E. y JOAQUÍN M.ª DOMÍNGUEZ, SJ, Joaquín M.ª (dirs.), *Diccionario Histórico de la Compañía de Jesús* (4 vols.), (2001) U.P. Comillas, Madrid.

POLANCO, SJ, Juan Alfonso de, *Chronicon Societatis Iesu*, en MHSI *Vita Ignatii Loiolae et...* tomo I-II, Madrid, 1894; tomo V, Madrid 1897.

PONS FUSTER, Francisco, «El Secretario Real Juan González de Villasimpliz: testamento, inventario y subasta de sus bienes en Gandía en 1548», en *Estudis* 30 (2004), 75-105.

SANCHO DE CLAVER, SJ, Carlos M.ª (2009) *Francisco de Borja: gobierno del mundo, gobierno del alma*, conferencia inédita pronunciada en Zaragoza el 16 de noviembre de 2009.

SERRANO MARTÍN, Eliseo (1998), *Historia de Zaragoza. Zaragoza con los Austrias mayores (siglo XVI)*, Ayuntamiento de Zaragoza-CAI.

SCHURHAMMER, SJ, Georg (1992), *Francisco Javier. Su vida y su tiempo*, tomo I: *Europa. 1506-1541*, Gobierno de Navarra, Compañía de Jesús, Arzobispado de Pamplona.

SOTO ARTUÑEDO, SJ, Wenceslao, «La "Ratio studiorum": La pedagogía de la Compañía de Jesús», en *Proyección* 46 (1999), 259-276.

————, «El apostolado ignaciano de la educación: "Institutio puerorum" para la "reformatio mundi"», en *Manresa* 89 (2017), 317-328.